お金・仕事・人間関係に困らないコツ

人生中盤からの成功戦略

岡崎かつひろ

かや書房

日曜日の夕方。

リビングのソファに深く沈み込みながら、佐藤隆はため息をついた。

テレビでは人気バラエティ番組が流れているが、内容はほとんど頭に入ってこない。隣では、スマホをいじりながら息子が笑っている。

「どうしたの？　なんか元気ないね」

夕食の準備をしていた妻が声をかけてくる。

「いや……別に」

適当に答えたが、実際のところ、ここ最近ずっと考えていた。

このままでいいのか？

勤続25年の会社員。毎朝、満員電車に揺られ、決まった業務をこなし、帰宅する。

給料はそれなりに安定しているものの、昇進のチャンスはほとんどなくなった。周りを見渡せば、同期の何人かは役職に就き、後輩たちは次々と転職して新しい環境へ飛び込んでいる。

気づけば、自分だけがずっと同じ場所にいるような気がする……。

ふとスマホを開くと、ＳＮＳにはキラキラした投稿が並んでいる。

「50歳でＦＩＲＥ（経済的自立と早期リタイア）しました！」

「40代からの副業で年収アップ！」

「中高年こそ新しい挑戦を！」

どれも羨ましくなるような言葉ばかり。

「自分にも、何かできるのだろうか…？」

そう思った瞬間、ふと別の考えがよぎる。

何かを始めるには遅すぎる。
どうせ無理だ。

今さらスキルを身につけたところで、若い人たちには敵《かな》わない。家族の生活もあるし、大きなリスクは取れない。

でも――。

本当にこのままでいいのか？

人生100年時代と言われる今、まだ折り返し地点にいるだけなのではないか？　もし、これから先の時間をもっと充実させる方法があるとしたら——。

この本を手に取ったあなたも、もしかしたら佐藤のように感じているかもしれない。

「人生の中盤で、自分にできることはあるのか？」

答えは**ＹＥＳ**だ。

大切なのは、「正しい戦略を知り、それを行動に移すこと」――それに尽きます。

本書では、あなたがこれからの人生をより充実したものに変えていくための、具体的なヒントと考え方をお届けします。

中高年だからこそできること、
中高年だからこそ活かせる強みを武器に、

もう一度、自分の人生を動かしてみよう。

はじめに

お金、仕事、人間関係に困らないコツ

現代において、経済的に自立し、豊かに生きることは、多くの人にとって重要なテーマになっています。

しかし、それを実現するための具体的な道筋は、決してわかりやすいものではありません。

本書を手に取ってくださったあなたは、今この時代の中で、仕事や将来について真剣に向き合っている方だと思います。

そんなあなたも、次のような悩みを抱いたことはないでしょう

か？

「これまでの人生で、思ったように稼いでこれなかった」

「なんか最近、仕事がうまくいってない気がする」

「40代になってから、なんかこれまでと違う」

「ＡＩとかＳＮＳが流行っているけど、ついていけない」

「今の職業でいいのか、もう一度考えたい」


はじめまして、岡崎かつひろと申します。

本書は、私にとって10冊目の著書となります。手に取ってくださったあなたに、まずは心から感謝申し上げます。

私自身、年齢でいえばちょうど人生の中盤に差しかかっています。「人生中盤からの成功戦略を語るには、少し早いのでは？」と思われるかもしれません。

ですが、26歳で起業して以来、飲食店経営、研修・講演活動、会議室運営、オンラインコンテンツ販売など、さまざまな事業に取り組んできました。

一般的に40代や50代で経験するようなことを、少し早めに体験させていただいた――そんな実感があります。

その背景から、「ミドルエイジ世代の悩みに寄り添うような本を書いてほしい」というご依頼をいただき、本書の執筆に至りました。

人生の中盤に差しかかると、多くの人がふと立ち止まり、自分のこれまでの歩みを振り返るものです。若い頃は勢いに任せて突き進んできたけれど、このまま同じ道を歩み続けていいのか？ もっと別の可能性があるのではないか？ そんな疑問が頭をよぎることもあるでしょう。

特に近年、社会の変化はますます加速しています。テクノロジーの進化、ビジネスの変容、働き方の多様化……。

「今の仕事にしがみつくべきか？　それとも、新しい道に進むべきか？」

そんな迷いを抱くことは、ごく自然な反応だと思います。

ですが、ここで一つ、心に留めておいていただきたいことがあります。

それは、「年齢を理由に、自分の可能性を諦《あきら》めないでほしい」ということです。

40代50代だからこそ、これまでの経験や人脈、培《つちか》ってきた力を活かせる場面が、必ずあるのです。本書では、その具体的な戦略をお伝えしていきます。

第1章では、お金持ちとはそもそも何なのか、私の人生観も含めてお話しさせていただき、お金持ちになるマインドセットについても、たっぷり説明します。

第2章では、「学び」を「お金」に変えるための基本戦略についてお話をします。お金持ちになるための資金管理と投資に関する考え方が説明されています。

第3章では、お金持ちを目指すために身につけたい仕事術を解説します。日常生活において、そしてビジネスの場において、おすすめしたいルーティンや意識について詳解していきます。

第4章は、中年期の心理的危機、「ミドルエイジ・クライシス」にどう立ち向かうかについて紐解き、解説しています。この世代の方々におすすめしたいマインドの在り方、また人生中盤からの成功戦略について具体的に語っています。

そして第5章では、お金の稼ぎ方と人間関係の構築について、特にSNSを利用する方法に焦点を当てています。ビジネスにあたって、どのようにSNSを活用していけば良いのか、どのように人と向き合って関係を構築していくと成功できるのか、私なりにお話しさせていただきます。

本書を読んでいただければ、あなたは**お金持ちへの〝リスタート〟ラインに立てる**、と言っても過言ではありません。

とはいえ、当たり前ですが、立っただけでは意味がありません。

ドイツの文豪ゲーテが、こんな名言を残しています。

「知ることだけでは十分ではない、それを使わないといけない。やる気だけでは十分ではない、実行しないといけない」

本書を読んだら、とにかく実行することが何より大切です。

「もうウン十歳だ、間に合わない、遅きに失した！」などと、お嘆きになる必要などありません。

お金、仕事、人間関係に困らないコツを、これからたっぷり伝授させていただきたいと思います。

本書があなたのお金や仕事に対するお悩みを解消し、明るい将来に向かって少しでもお役に立てれば、何より幸甚《こうじん》です。

目次

お金・仕事・人間関係に困らないコツ
人生中盤からの成功戦略

第3章

お金持ちを目指すなら身につけたい仕事法

よいセミナーと怪しいセミナー
学びジプシーはお金持ちになれない
「三方よし」のセミナー成功談
1000人を集めた講演会の「三方よし」
SNSや広告を使わずに集客した方法
「自分を律する力」が重要
規則正しい生活が成功を生む
規則正しい生活が信頼につながる
働くうえでのルーティンを身につけよう
「選択疲れ」と「仕分け」は避けよう

第1章
お金持ちになれる人、なれない人の違い

お金持ちって何?

そもそも、「お金持ち」とはどういう人のことを指すのでしょうか。

親が裕福で、相続によって自然にお金持ちになる人もいます。

ですが、こうしたケースは多くの人にとって再現性があるとは言えません。

「お金持ち」という言葉は、日常会話やメディアでもよく使われますが、その意味は人によってさまざまです。

価値観や社会的な背景によっても、捉《とら》え方は異なります。

それでもあえて一般的にまとめるならば、「**経済的に豊かで、自分自身も周囲からも〝豊かな暮らしをしている〟と認識されている状態**」と言えるでしょう。

経済的な観点から見ると、お金持ちは十分な収入や資産を持った人のことです。

また、生活という観点から見ると、お金を稼ぐ能力がある人というだけでなく、それを活用して、好きな場所に住み、品質が高い医療や教育を受けることができ、趣味や旅行など自分の楽しみのために時間とお金を使える、といった要素も挙げられます。またお金があることで、他人の支援を受けずに自己決定権利を持ち、自由な選択肢の中で生活ができる、という要素もあります。

この経済的な不安がない状態により、長期的な幸福感や安心感が得られ、自分のやりたいことを追求したり、社会に貢献したりする余裕が生まれることも、「お金持ち」の一つの重要な側面でしょう。

私自身は、いわゆる「大金持ち」ではありません。

ただ、生活には困っていませんし、好きなときに海外旅行に行ける程度の自由もあります。

そして何より、仕事に追われすぎず、自分のペースで日々を楽しめている——それが、私の今の暮らしです。

コロナ禍においても生活水準を落とさず、普通に困らずに、コロナ禍が明けた現在でもずっと変わらぬライフスタイルを取れている、というのが、おそらく私の強みなのだと思っています。

現在までに私は、さまざまな仕事をしてきました。

数々のアルバイトに加え、営業職、飲食店経営、人事コンサルタント、起業支援、そして講演活動に作家活動……。

なぜ私がこれほどまでに多くの仕事を経験でき、それぞれで結果を出すことができたのか。

本書ではまず、私のこれまでの歩み、人生観からお話ししたいと思います。

「学び続けてきた」から今の私がある

今の私があるのは、ひとことで言えば「**学び続けてきたから**」です。

あえて〝ポジション〟という言葉を使うならば、そこに至るまでに何があったのか。

それは間違いなく、「学び」を積み重ねてきた日々の結果だと思っています。

学ぶことが一番大事、というのは皆さんにもご理解いただけると思いますが、私の場合ありがたかったのは、幼少時に両親からずっと言われてきた言葉があるのです。**「私たちは、あなたたちにお金は残せない。ただ、学びだけは残してあげられる」**と。

正直に言いますと、私は進学校に通っていましたが、特段成績は良かったわけではなく、いつも赤点ギリギリ……といった感じでした。ですが〝学校のお勉強〟よりも、色々な経験をして学びを得るということに対する欲求は、とても高かったのです。

学生時代にアルバイトも十種以上はやりました。とにかくいろんなことにチャレンジしたかったのです。

大学卒業後、新卒ではソフトバンクに就職しましたが、実のところ、強い志望動機があったわけではありません。就職活動の中で皆さんがするであろう企業研究を、私は全くしなかったのです。就職サイトを見て、従業員数が多く、かつ求人を出しているところに順番に応募していったら、最初に内定をくれたのがソフトバンクでした。５、６社に応募したのですが、どんな会社か知らないので、全部同じ志望理由を記して応募していたのです。

「やりたいことがあるわけではありません。ですが、何でもチャレンジして自分の成長につながることであればやってみたいと思い、さまざまな事業に取り組んでいらっしゃる御社を希望しました」と。

ソフトバンク時代に何をしていたか、というのは割愛しますが、入社して3年ほど経った頃、会社を辞めたいと思うようになりました。

そのきっかけは、意外にも「出世」が決まったことだったのです。それまでは、月に１００時間ほど残業し、それに応じた残業代を受け取っていました。

ところが、役職が上がると「みなし残業制度」が適用され、実際の残業時間にかかわらず、40時間分しか支払われなくなるという仕組みだったのです。つまり給料が下がるということが確定。今振り返れば仕事を早く終えて、自分の時間を作る素晴らしいチャンスです。しかし当時の未熟な私は「こんなに頑張っているのに給料が下がるって……他の会社に行きたいな」と思ってしまったのです。

26歳の時です。思い悩んだ私は、大学の友人に相談してみました。そのとき、彼が「うちの後輩に、ちょっと面白いやつがいるよ」とある人物を紹介してくれました。

それは、当時まだ24歳ながら、すでに事業を興《おこ》し独立していた男性でした。当時の私は〝ソフトバンクの岡崎〟はいいけれど、〝岡崎かつひろ個人〟で活躍できる自信がなかったので衝撃的でした。

彼に会って自分の名前で勝負できるようになりたいと影響を受けた私は、「本格的にビジネスで成功しよう」と思うようになり、ソフトバンクを辞めたのです。

三つの基準を持ってビジネスの世界へ

これは私が、常に大切にしてきたビジネスの考え方です。

成功したいなら、次の「三つの基準」を意識して仕事をすることが重要です。

1、利益の確保

2、社会性の向上

3、認知の獲得

この三つの基準を持ってビジネスにあたったからこそ、今の私があります。どの基準も忘れてはなりません。

例えば「起業家あるある」で、起業した1年目はすごく売れた。それはなぜかというと、今までのつながりがある人たちに来てもらったから売れたのです。でも、2年目から全く売れない。それは結局、認知活動をしていないからなのです。

しかし、気をつけないといけないこともあります。それは、炎上YouTuberみたいな活動です。あのように社会性が下がる行動は、よろしくありません。認知はあっても社会性がマイナスだと、今の時代だとYouTubeではそれなりに稼げるは稼げるのですが、残念ながら実業の世界では食べていけません。

ですので、直接お金にならなくても、認知の拡大や社会性の向上につながることになることは積極的にやろう、と考えています。

私が利益の確保、社会性の向上、認知の獲得をビジネスに取り入れ始めたときのことをお話しします。

当時、私のメンターからこんな連絡をもらいました。

「岡崎君、ちょっと飲食やってみない？」

彼は不動産でも成功しており、こういうお誘いをいただいたのです。私は「やります」と、すぐお返事しました。

このことも私にとって功《こう》を奏《そう》します。これはぜひおすすめしたいのですが、いい縁からの話は、「ハイ」「ＹＥＳ」「ごもっとも。喜んで！」と即決するようにしましょう。

実際、彼は何人もに「〇〇君、飲食やってみない？」と連絡していたそうです。その中で唯一、私だけが「やります」と即答。だからこんなふうに言葉をいただきました。

「今回のビジネスは君とやることに決めたよ。何人にも話してきたけど、条件を聞かなかったのは君だけだから」

条件を聞く、ということは、〝**条件によってはやるけれど、条件によってはやらない**〟ということですよね。これでは、そのメンターのことを信用してない、ということになってしまいます。「岡崎君だけは、〝金額はどうですか〟とか〝場所はどこですか〟とか〝どんな飲食ですか〟とか一切条件を聞かずに、〝はい、やります〟と答えた。だから君に決めたんだ」と言われました。

飲食店って、ぶっちゃけた話、大変です。一つは集客をして売上を上げていく、ということ。もう一つは人をどうやって雇っていくか、ということ。

さらに、「講演会をやってみないか？」というお誘いもありました。

これもまた即決。「はい、やります」と返事をして、すぐに動き始めました。余談ですが、当時は作家の大嶋啓介さんや永松茂久さん、中村文昭さんなど、飲食をやっている方が講演をするということが多くなっていました。

講演会では、「人に好かれる方法」「わかりやすい話し方」「上手なお金の使い方」といったテーマが多かったと思います。

岡崎かつひろを講演会から知っていただいた人たちは、「岡崎さんって飲食もやってるんだね」と、私のお店のお客さんにもなってくださるし、スタッフや社員も講演会から集まってくれたのです。だから、採用コストには1円もかけていません。逆に飲食店から入った人たちも、「岡崎さんが講演？　なんか面白そうな社長だね」と講演会に来てくださったんです。そうすると講演会のほうもうまく回ります。

しかも当時良かったのは、飲食のビジネスを立ち上げるにあたり、学生時代のバイトが役立ったこと。

私は学生時代に2年半、バーテンダーをやっていたのです。バーテンダーの経験は、ソフトバンクに入る際には「絶対活きない」と思っていたのに、28歳のときには飲食店を自分が経営する、という方法で返ってきたわけです。

さらに講師業。話す仕事をすることに関しても、私は高校時代に合唱部に入っており、当時、声を出すトレーニングをしていたので、しっかり声を出すことが得意になっていました。そのおかげで、講演会をやっても「岡崎さんの声はよく届きますね」と言われますし、2時間や3時間喋っても、へっちゃらです。

よく大手企業間で、「**シナジー効果**（複数の要素や力を組み合わせることで、互いに補完し合い、相乗効果を生み出すこと）」と言いますが、私の場合、個人企業でそれが形になったのです。講演活動で認知を広げ、店舗を持つことで社会的な信用を獲得し、飲食店や講演会、研修などで利益を確保していきました。まさに利益の確保、社会性の向上、認知の獲得という三つの基準が、掛け算で綺麗にハマったのです。結局、飲食店のほうは、東京と大阪で5店舗を展開し、いずれも繁盛店にもなりました。講演に関しても、始めた頃は確か40人ぐらいだったお客様が、2、3年ぐらいで毎回300人ぐらい集まるようになったのです。

アップル社の創始者であるスティーブ・ジョブズの言葉、**「Connecting The Dots（点と点をつなげる）」**の通りですよね。過去に蒔《ま》いた点が、実は私の人生でずっと結果的には全部つながっているのです。若いうちにしてきた経験への投資が結果的に飲食業で活き、講師業で活きました。間違いなく、経験がお金を生むわけです。

「ストックの仕事」と「フローの仕事」

そんなこんなで色々やってきたのですが、仕事を大きく分けると二つに分かれます。

ストックの仕事　後からもずっとお金を生み出し続けていく、資産性のある仕事

フローの仕事　その場限りの収入になる仕事

の二つです。ビジネスをするには、この二つの割合が大切になってきます。単純にお金だけの話ではなく、この仕事はストックされていく仕事なのか、この仕事はフローでその場限りなのか。

そこで私がずっと意識しているのは、「**大きなお金にならなくて**

もいいから、ストックされていく仕事をしたい」ということ。

飲食の立ち上げは、毎月の売上だけ単発で考えると、もちろんフローに見えるんですが、立ち上げて人が動いて仕組み化されていくと、ストックとして毎月の収入になるわけです。

講演会についても、ファンの方が積み上がってずっと来てもらえれば、１回のお金は大きくなくても、後々ストックとして入ってくる収入になるわけですよね。

そして私が本を出す一番の理由は、やはり**認知の獲得と社会的信用の積み上げ**です。例えば本を出すことは、新しい人に私を知ってもらえる機会になります。メルマガ登録を広告でしてもらう場合、１件の登録に３０００円ほどの広告費がかかります。

今、私の公式ＬＩＮＥが5万件、メルマガに４万件の登録がある状態です。だから５万件のＬＩＮＥ登録をいただこうと思うと、単純に１億５０００万円かけないと、５万人も集まらないわけです。これはかなり大変な話なわけですが、出版すると、私の本を読んでくださった方が私のことを意識的に知ってくれますし、ＳＮＳの登録をしていただくと認知の獲得につながります。これは、私にとっての資産性なんですよね。

さらに、私が現在尽力している「全国出版オーディション（https://shuppan-audition.com　申込者全員に出版のチャンスがあるオーディション）」の活動。これも一回開催すると、約１万人の人が投票に関わり、岡崎を

知っていただく機会につながります。

長い目で見ると、書籍の売上や講座販売につながったり、継続的な売上につながっていくわけです。

資産性のあるストックの収入、金融資本なり社会関係資本なり（※P69から詳解します）を作っていくことをしっかり意識して仕事を積み上げてきたので、私の今があるのではないか、と思います。

お金持ちになるためのメンタルの強さは大事！

よく私は「メンタルが強い」と言われます。

遡《さかのぼ》って子供の頃から考えてみると、私を強くしたいくつもの経験があります。

私に忍耐を教えてくれたのは、10歳ぐらいのとき、胃潰瘍《いかいよう》になったことでしょう。当時、実家が自営業で忙しかったこともあって、親が忙しそうにしてるのを見ていると、子供なりにそこで我慢を覚えるわけです。胃潰瘍になると、ご飯を食べれば気持ち悪い、空腹だとお腹が痛くなる。それを我慢しながら学校に通っていました。最初に私を強くしたのは、この経験です。

また学生時代にも、壮絶な体験がありました。私は18歳の頃、プロ雀士を目指していました。高校のときに1年浪人しましたが、浪人中に埼玉県坂戸市でプロ雀士の金子正輝さんがやっていた「ノックアウト」という店で、バイトを始めました。雀荘でノックアウトじゃないですか、びっくりする名前ですよ(笑)。そこであるとき、麻雀を打っている最中に気持ちが悪くなってしまい、席を立った途端にバタンと倒れていました。それもまた、胃潰瘍でした。吐血と下血、ドバドバと血が出ちゃって即入院(まさにノックアウトですね……）。当時は、お店にも周りの人にも大変迷惑をかけてしまいました。ただただお詫びすることしかできません。その後、結局丸2ヶ月を病院で過ごし、2～3年ぐらい薬を飲み続けました。

振り返ると、私にとって一番忍耐強さを身につけさせてくれたのは胃潰瘍でした。


もう一つは車上生活の経験です。

なんと会社を辞めた矢先、取引先に選んでいた会社がいきなり行政処分に。その結果、収入が止まってしまい、始めたのが車上生活でした。

その当時、東京駅での仕事の打ち合わせが多く、私が住んでいたのが埼玉県西川口近くで、車移動が中心でした。夜間だと道が空いていますが、昼間の移動だと1時間半もかかってしまいました。

収入が途絶えるというのに、ガソリン代が随分かかります。どうしようかと思い悩みましたが、「だったら東京駅で寝泊まりしたらいい！」と閃《ひらめ》いたんです。車に着替えや布団を詰め込み、「スポーツジムに通えば風呂にも入れる」と考え、東京駅付近の某ショッピングセンター内のジムに入会しました。ジムに行くと駐車券をくれたのですが、足繁く通ってポイントを貯めていけば、冬でも暖房が効いている地下駐車場に駐車し、しっかり睡眠をとれるわけです。

お金はないが時間はあるという状態だった当時、ショッピングセンター内の書店がベンチまで置いてあり、「本を好きに読んでください」という体《てい》だったので、数時間居座り、知識をインプットしつつ時間を潰していました。仕事もやりつつ書店で時間を潰し、スポーツジムに通って、夜は地下駐車場で睡眠をとる。この生活がだんだん楽しくなってきて、結局は1年半やることになります。

車上生活中に、この経験は間違いではなかった、と思ったことがありました。その頃、ソニー生命で、日本に十数人しかいないＴＯＴ（トップ・オブ・ザ・テーブル＝保険業界における最高峰の称号）の林正孝さんの講演会に行きました。その際に、林さんが破天荒なお話をいっぱいされたのです。自衛隊のレンジャーに入って訓練してきたとか、アラスカに行って白熊を撃ってきたんだ、云々……。その中で、**「人生はボロボロで傷だらけがいい」**とおっしゃったのですね。

「年を重ねて俺らがじいさん、ばあさんになる。いつか子供ができ、孫ができる。孫に聞かれる。〝おじいちゃん若いとき、どうだったの？〟と。君たちはなんて答えるんだ？」と問うた林さん。講演会のお客さんは、20代30代が中心だったせいか、シーンとしていました。そこで林さんは続けました。「こう答えたらどうだ、〝俺はな、若いとき何もしてこなかった。だからお前は頑張れ〝って。いやだろ、そんなの。それよりは〝この傷見てみろよ、俺こんな冒険したんだぜ！〟〝こんな失敗おかしたんだぜ、でもそれを乗り越えたから今がある。そんな人生のほうがかっこいいだろ〟。人生はボロボロで傷だらけがいいんだ、人生はネタ作りだ！」と。

それが私の中で刺さりまくったのです。「そうか、人生はネタ作りだ！」と。まして車上生活している真っ只中ですから、そこから私は、車上生活に対する捉え方が180度変わったのです。「やべえ、俺ネタ作ってんだ！」「いつかこれが、講演会のネタとか本のネタになるかもしれんぞ」と、漠然と思っていましたが、まさに今、こうして現実になっていますね。

その「人生はネタ作り」という言葉が今も生きているので、つらいことやキツいことがあっても「これネタ作りだもんな」と思えば乗り越えられる、といったところはあると思います。

最後に私のメンタルを強くしてくれた書籍をご紹介します。矢沢永吉さんの『成りあがり』です。32、3歳の頃に読んだんですが、あの本の中に、「俺がガキに1個だけ教えなきゃならないと思ってることがある」といった下《くだ》りがあり、それは「**我慢**」だと書いてあるのです。

我慢とか忍耐力って本当に大事ですよね。結局どんなに好きなことを始めても、それを粘り強く継続できなければ身にはなりません。

秋元康さんも、ＡＫＢ48についての取材でおっしゃっていました。**「アイドルで大成するやつっていうのはどんな人かっていうと、不器用なやつだ」**と。器用でアレやコレやできる人というのは我慢と忍耐がないんです。アレコレできるからちょっと行って壁にぶつかると次へ、壁にぶつかると次へって、どんどん次へ次へ行ってしまう。結果的に何も身につかずに花咲かずに終わるんだ、と。だけど不器用なやつは、ちょっとやるとすぐ壁にぶつかるから、壁にぶつかることはわかっているし、どうすれば乗り越えられるかも知っているから強い。だから、アイドルでうまくいく人は不器用なやつなんだ……。

本当に、その通りだと私は思います。一つやると決めたことに対してすごく忍耐強くやりますし、やるならできるまでやる、というのが私の基本スタンスです。少し偉そうに聞こえるかもしれませんが、必ずやると決めたことでうまくいかなかったことがないのは、我慢を始めとしたメンタルの強さを身につけることができたからだと思っています。

お金持ちを目指したいと思うなら、メンタルを鍛えることも意識してみてくださいね。

第2章
お金持ちの人の考え方

お金持ちになるためのお金の勉強

ここからは、お金持ちになるための「学び」についてお話をしていきます。

本書の主な読者層は30代～50代ぐらいの方だと想定していますが、大前提として、世代によってお話しすることを変えなければいけないテーマになっていると思います。

まず、お金に対してどの世代でも共通していることですが、投資と消費と浪費がありますよね。

投資　将来に向けて、お金を生み出すもの
消費　今、生活するために必要なもの
浪費　ただ楽しむだけで、必要のないもの

人生を豊かにしていこうと思ったとき、人生の豊かさを感じるのは何かと言いますと、おそらく「浪費」です。海外旅行するとか、好きなゲームを買うとか、美味しいディナーとかスイーツを食べに行く……といったお金の使い方は、心の豊かさに通じますし、幸せを感じるためには大事なことですから、適度にしていただければ、とは思います。しかし、これから将来にわたって豊かになっていこうと思うときに、最も削らなければいけないところは、間違いなく浪費だと思うのです。

よく経営者の方が、こういう表現をします。

米びつで米を炊いてみんなにご飯を分け与えた後に、最後に残った端っこをやっと食べられるのが経営者、だと。本当にその通りだと思います。

または投資家は表現します。コップに水を入れて溜めているとします。次第に喉が乾きます。徐々に水が溜まっていきますが、お金が貯まらない人というのは、溜まった水を見て「やった、飲めるんだ！」と、すぐ飲んでしまいます。もしくは「もう少し我慢だ」と言って、半分とか2／3まで溜まった、またはコップ1杯分溜まった、というところで飲んでしまう、これも、まだ普通の人です。

投資家は違います。並々1杯になっても「さあ飲むか」とはなりません。その先のさらにコップの縁から溢れこぼれてくる水をようやく飲むわけです。

要するに投資家であれ経営者であれ、たとえ会社員であったとしてもお金持ちになりたいなら、考え方は一緒なのです。

もし0からお金持ちを目指すなら、まずは十分な蓄えを作る。そこから堅実な投資を行い、こぼれるものの中で豊かさを楽しむ必要があります。しかし多くの人は、コップに水が溜まってきてる途中で、浪費をしてしまう。だからいつまで経っても本当の意味で「豊か」にならないわけです。

30代は貯蓄よりも「経験を買う」べし

30代は、「**経験を買う**」ことにもっとも集中すべき時期です。

特に独身であれば、自己投資に使える時間もお金も確保しやすいため、なおさら重要です。

この時期に得た経験は、自分の〝人的資本〟（※P71で詳解します）として積み重なり、後の収入を大きく左右します。

私自身も、今では1時間数万円のコンサルティングを行う機会をいただいていますが、それはすべて、30代までに積み上げてきた経験があるからこそ。飲食店経営、大型イベント運営、オンラインビジネスの立ち上げ、会社員時代のシステム導入など、実に多様な現場を体験してきました。

その積み重ねが、出版の機会や企業との連携にもつながっています。

逆に、これらの経験がなかったとしたら、おそらく今のような働き方や報酬には到底届かなかったでしょう。

大好きな話を紹介しましょう。

100万円する機械が壊れてしまった人がいました。

彼は機械工を呼びます。その機械工は、壊れた機械をトンカチで一度ポンと叩いただけで直してしまいました。

簡単に直ったのを見て、依頼主が言いました。「トンカチで1回叩くだけで済むなんて、楽ないい仕事ですね」と。

その後、機械工から依頼主に請求書が届きました。そこに記された金額は「５万円」。依頼主は「トンカチで１回叩いただけで５万円なんて高すぎる！」と驚嘆します。すると機械工は「わかりました」と言い、請求書の明細を書き直しました。

明細には、「トンカチを叩くために来た時間と労力３０００円。私の30年間の経験４万７０００円」と書き直されていたのです。

……私は、経験とはこういうことだと思います。過去の経験がその後、大きなお金を生んでいくわけです。だとしたら30代（特に独身の方）は経験を蓄える時期です。「若いうちの苦労は買ってでもしろ」「若いうちに流さなかった汗は、年を重ねてから涙となって帰ってくるだろう」といった格言もありますが、涙となって帰ってくる前に汗をどれだけかくかが大事だと思うのです。

ですので、30代（10代20代に対してもそう変わらないアドバイスだと思いますが）は、**お金は貯めることよりも経験を買うことに使いなさい**、というのが一番大きなアドバイスです。

40代50代は「無双できる時期」

40代50代になってくると、今度は結婚や子供のことがあったり自分の親のことがあったりするので、30代と同じというわけにはいきません。場合によっては老老介護、親の面倒を見ながら子供の面倒も見る「ダブルケア」、さらに場合によっては自分の親と相手の親の面倒を見る「トリプルケア」になってしまうことも。

この世代は、どうしてもどこかでバランスを考えなければなりません。

もちろん、家庭・仕事・健康などのバランスを取ることは大切です。

ですがその中で、「自己投資」や「自己成長」にかける時間とお金を削ってはいけません。自己投資の予算を削ってしまった40代は、後々つらい立場に追い込まれることも少なくありません。本当は、社会的信用も実力も一番つけやすいのが40代なのではないでしょうか。


というのは、今40代の方々というのは、20代30代で一生懸命頑張ってきて技術も上がっている。それなりに柔軟な思考性もあるから、若者とも仕事ができる。さらに50代60代70代の方たちと一緒に仕事をするわけで、そういう年上の世代からの信用も得られる。つまり、**40代こそが最も「無双できる時期」**だと言えるのです。

ですが、その時期に完全に守りに入ってしまったら、残念ながら、その後の活躍はないでしょう。

今は「**一身二生**《いっしんにしょう》」の時代です。

かつては「一身一生」、一つの体で一つの人生だったのが、今では我々の寿命がどんどん伸びてしまっていて、一つの体で一つの人生だけでは終わらないわけです。

私の子供の時の記憶では、80歳まで生きていたら長寿だったはずです。平成初期に100歳の姉妹、きんさんぎんさんが出てきて「すごい！」と騒がれていました。80歳までで長寿、100歳ってすごい、という時代でした。

そこから30年経て令和の現在、世の中の感覚は、100歳生きて当たり前と変わってきています。20歳寿命が伸びた感覚です。ということは、このまま行くと我々はなかなか死ねませんね（笑）。

現在の年金システムだと、将来、年金が同じ基準でもらえるはずはありません。「２０６０年には60歳以上の人が60％を超える」という統計になっています。60％の人口の高齢者を20歳〜40歳の人たちで支えるとしたら、おそらく2対1とかの関係になってしまいます。一人の若者が二人の老人を支えなきゃいけない、という未来予想図がもう目に見えているわけです。

40代50代の方々は、自分の子供たちにそんな苦労をさせたいでしょうか？　させたくないですよね。

「一身二生」という考え方で、60歳までは一度の人生をやりきる。その後に待っているのは、第二の人生。

これまでに培った経験・知識・人脈・社会関係資本（※Ｐ76で詳解します）を活かしながら、「次のステップに進むんだ」という意識が必要です。正直なところ、年を重ねたときに国が自分を守ってくれるとは限りません。一生目に蓄えた経験を資産にして、二生目を自力で豊かにすると考えてみてはいかがでしょうか。

ですので、私のアドバイスとしては以下の通りです。

40代50代の方々は人的資本を蓄えることと、社会関係資本を蓄えることと、金融資本を蓄えることのバランスが大切な時期だと考えてください。

「現金主義」卒業のすすめ

ではどういったバランスで金融資本、人的資本、社会関係資本、に投資をすべきなのでしょうか？

はっきりとした基準を出すのは難しいですが、金融資本に関しては65歳までに2000万円というのが一つの基準と言われていますす

（今後変わる可能性は高いですが）。

仮に45歳から準備を始めて20年間で貯めるとしたら、月に約８５０００円を蓄える必要があります。これを踏まえたうえで人的資本、社会関係資本への割り振りを考えてみてください。

ではこの２０００万円をどのように蓄えていきましょう。

日本人には、いまだに「現金主義」的な思考が根強く残っています。

しかし、これからの時代にはその価値観を見直す必要があります。

そのために、まずインフレとデフレの違いについて、改めて考えてみましょう。

例えば、今日１００円の牛乳があります。デフレというのは物の価値が下がるので、１００円の牛乳が明日90円になります。インフレというのは１００円の牛乳が明日１１０円になります。お金の価値が下がるのです。

ここで問題です。

今日１００円の牛乳が明日90円になるとしたら、あなたは牛乳を今日買いますか、明日買いますか？

……明日買いますよね。１日我慢すれば10円ではありますが、安く買えます。

これを逆で考えてみましょう。今日１００円の牛乳が明日１１０円だったらいつ買いますか？

……今日買いますよね。

それでは、個人の財布に優しいのはどちらですか？

普通に考えると物の値段が下がるので、個人はデフレを喜びます。当たり前です、安く買いたいから。

ここでマクロ経済的な観点で見てみます。「物が今日売れるか、明日売れるか」を考えたときに、物が明日売れる状態というのは、景気が回らないので不景気の元なのです。物が早く売れてお金が回る、というのが好景気なのです。実は**経済を良くするために必要なのは「インフレ」**なのです。

経済をマクロな視点で見ると、デフレよりもインフレのほうがプラスです。だから国は、基本的にインフレのための政策を行います。好景気にするためです。例えば「来月、消費税が上がりますよ」といった発表があると、「早めに買わなきゃ！」となりますよね。そうやってインフレを起こして、消費を早めることで景気を動かしていくのです。

昔、明治時代ですと、家を一軒買うのには1000円程度でした。

それが令和の今、4～5000万円になっているわけです。これだけのインフレをしているわけですね。

インフレとは「物の価値が上がる」のではなく、「お金の価値が下がる」現象です。この違いを正しく理解しておくことが、これからの資産形成において非常に重要です。

この20年、日本人の平均年収はほとんど横ばいで推移している一方、生活必需品の物価は確実に上がり続けています。

つまり、「お金を持っているだけで価値が減る」という現実が、今まさに目の前にあるのです。

だからこそ、**「現金」と「現金以外の資産」の両方をバランスよく持つことが、これからの時代には不可欠**なのです。

40代50代のお金に関する基本戦略

現金は流動性が高い、今すぐ動かせる資産です。40代50代の方は特に、お子さんの出産費用、怪我とか病気、親のこともありますし、場合によっては会社にリストラされてしまう可能性もゼロではないわけです。そうすると、もし仕事がなくなっても大丈夫なお金というのは、３ヶ月分ぐらいは現金で常に蓄えておくべきです。

会社員の場合、普通にまともにやっていれば、３ヶ月あれば再就職可能でしょう。個人起業家の場合は、もし事業がポシャった場合に、また立ち上げ直すためにもうちょっと時間がかかるので、半年分ぐらいの現金は持っていたほうが良いでしょう。

２０００万円問題解決のために、それ以上のお金は、原則、投資に回していきましょう。株でもかまわないし、NISAみたいな形でもいいし、家を買うのも良いと思います。金融資産の購入に関してはは必ずリスクがともないますから、自分で勉強して納得できるものに投資するべきです。

当たり前ですが、こういったことを考えるときに絶対気をつけなければいけないのは、**「楽して儲かることはない」**ということです。

ポンジ・スキーム（高利回りを謳《うた》って投資家から出資を募る投資詐欺の一つ）に騙される人は、本当に多いのです。「年利30%つく話があったんですよ」などと喜び勇んで投資する人がいたりしますが、日本の法定金利である18%よりも高い利息がつくような投資は、原則ありません。海外の投資で利率30%、みたいな話もときおりありますが、大抵は国の情勢が不安定で潰れる恐れや為替リスクが非常に大きかったりします。また、蓋を開けてみたら結局言うほど儲からなかったということも多いです。リスクがなく大きなリターンはまずありませんし、法定金利よりも大きい利益が出る投資は、基本的に詐欺を疑ってかかるべきです。パチンコをやるような感覚で、「遊びでやっているから増えても増えなくてもいいや」といったギャンブルで投資をするならかまわないと思いますが、とにかく〝楽して稼ぐ〟はありません。

ですので話を戻すと、資産としてまず一番おすすめするのは、やっぱりＮＩＳＡで、次におすすめするのが自宅を買うことです。

私も自宅を買いましたが、まず大前提として、**「リセールバリュー」**という考え方を覚えましょう。

リセールバリューとは「売った時の価値」のことをいいます。

例えば時計で考えてみましょう。１００万円で販売していた時計が150万円とか200万円と値上がりしているケースを聞いたことがありませんか？　いわゆるお金持ちは自分で楽しむだけではなくて、**「売った時にいくらになるか」**を考えて物を買っています。「俺、すげえ時計持ってるぜ」と見せびらかす目的もあるかもしれませんが、本当に賢い人たちは、見せびらかす目的ではなくて、好きなものを持ちながら実は資産形成をしているのです。

家も一緒で、リセールバリューを考えなければいけません。「家族が住めればいいや」「みんなの流行に押されて」といった考え一つで買ってしまうと、せっかく数千万円で買った家が500万円とか1000万円程度になってしまうこともあるのです。電車も通っていないような場所の一軒家を5000万円で買った。今では売ったら2000万円を切るぐらい落ちてしまった。バブル期に流行っていたのに、今や結局ゴーストタウン……。こういう例が、たくさんあります。

そういう家の買い方は絶対やめるべきです。しかし駅徒歩5～10分圏内でひと家族が住めるぐらいの広さの家というのは、人気のある路線なら原則はずっと価格が上がり続けています。ですので家を買うことで、それがちゃんと資産として残っていき、なおかつ場合によっては大きく価格が上がる可能性まで持っている、というわけです。

リセールバリューまで考えた物件をちゃんと買えるのであれば、家を買うことは非常に賢い選択だと私は考えます。特に現在は、コロナのおかげでオンラインで仕事もできます。ひと昔前だと出張のリスクがあって、家を買うのを躊躇《ちゅうちょ》してしまう会社員の方が多かったと思いますが、フレキシブルに働ける会社が多いという世の中の変化を考えると、そんなにリスクはないのではないでしょうか。

このように、40代50代の方が金融資産を構築するときは、リセールバリューまで考えた自宅購入、もしくはNISAのような、時間の経過とともに着々とお金が貯まるものを選びましょう。そして自分の経験を蓄えて、できれば社会性が向上するような活動もしていく。こうしたバランスを意識的に整えていくことこそが、40代50代におけるお金の基本戦略です。

投資すべき三つの資本とは

お金持ちになれる人の手段とマインドセットをまとめましょう。

まずお金持ちになる手段は（最もシンプルで簡単な、親からお金をもらうということを除外すると）、

●自分の経験や知識を活かし、価値ある「コンテンツ」を生み出す
●他者から選ばれ、評価される「高く買われる自分」になる
●着実に「資産を築く」努力を重ねる

ということになります。

そしてこれらの手段を実行していくために大事なマインドセットは、**「投資思考」**を持つことです。

お金持ちになる人は、いつも「これは投資なのか？」と考えています。すなわち「将来に渡って利益が出るのか？」それとも「今を豊かにするものなのか？」といった判断をしているのです。

そしてその投資先は次の三つに分けて考えましょう。

1　金融資本
2　人的資本

3　社会関係資本（ソーシャルキャピタル）

この三つに関して説明をしていきます。

一つ目の「**金融資本**」とは、直接的にお金を生んでいくもののことです。

安定した家とか不動産とか株式でもいいでしょう。ちょっとギャンブル性はありますが、ＦＸなども「当たったらラッキー」という程度であれば問題ありません。そうして増えていく可能性があるものへお金を投資していきます。

金融資本を増やすために重要なことは「買い続ける」ということ。とにかく買い続け、基盤として増やしていくのが基本戦略です。

ただ、金融資本だけで我々は食べているわけではありません。他に何がお金を生み出すかというと、二つ目の資本は「**人的資本**」。これまでの経験や、身につけてきたスキルを通じて、お金を生み出す力のことです。

スキルアップをしていれば、社会情勢的な変化も色々とあったりしても、「自分の身を動かせば、お金稼げるよね」という自分の状態を作っておけます。

この〝**自分一人で食べていける力**〟**こそが、人的資本の真価**です。

「ローリスク・ハイリターンは自己投資だ」とよく言われますが、自分さえいればお金を生み出せるわけですからコスパがよいのは間違いないでしょう。

例えば最近、私はＣｈａｔＧＰＴの本『ＣｈａｔＧＰＴで一番ラクして頭のいい人になる』（東京ニュース通信社・２０２４年３

月発売）を著しました。

ＣｈａｔＧＰＴというものに関して、出てきた当初から勉強しており、書籍も何冊も買いました。また、ＣｈａｔＧＰＴ絡みのセミナーにも試しに参加してみました。……まあロクなのがなかったんですが（笑）。

色々と参加してみて、なおかつ時間とお金を投資した結果、「これだったら自分でも教えられるし、自分が教えたほうがわかりやすくていいだろう」と思い、自分でセミナーを開催することに。

すると、２万円のセミナーが２〜３００本ぐらい、すぐ売れてしまったのです。単純に計算して５〜６００万円ぐらいの売り上げになりました。この売り上げの元手は、どこかのセミナーに行ったことと、資料として本を何冊か買った程度です。せいぜい４、５万円ということろ。10万円はかけていません。

つまり、自分の労力、時間的な部分を省いて考えて、４、５万円の元手が５～６００万円に化けているということは、「投資効率１００倍」ということになります。

なおかつそこから、書籍を出すことにもなったわけです。書籍でいただく印税もあります、さらにそこからＣｈａｔＧＰＴの講座を作り、年間で約３０００万円ぐらい売れています。すべての元手は、４、５万円程度でＣｈａｔＧＰＴという新しい技術を学ぶことに投資をしたというだけです。

ですので自分のスキルアップをすることで、お金を得ることにつながるわけです。

「王道×旬のネタ」は売れる！

スキルを学ぶときに大事なのが、「王道的なもの」と「旬のネタ的なもの」を分けて考えるということです。

例えば先ほどの例なら、ChatGPTというのは旬のネタです。このスキルを教えることで稼げるのはおそらくあともう2、3年といったところでしょう。将来はおそらく売れない、もしくはもっと安価になると思われます。少々乱暴な言い方ですが、旬なうちというのは、大した知識と経験でなくても高く売れるものなのです。

王道的な知識の代表例はコミュニケーションとか、あとはロジカルシンキングといったものでしょう。こういったものはどの仕事であっても使えますし、長い目で見ると非常にコスパがいいのです。
ですが、問題があります。それは「じゃあコミュニケーションを自分の講座にして売ろう」「コミュニケーションの講座です」とだけやると、これは非常に売りにくいということ。あまりにベーシックなスキルすぎて、あまり積極的に参加してもらえないことが多いのです。

長期的に稼げるスキルに育てるためには、**「王道的なスキル」に「旬のワード」を掛け合わせる**のが効果的です。

王道的なスキルというのは、例えば「コミュニケーション」「営業」「マーケティング」「ライティング」など。

旬のネタというのは、「ＡＩ」や「ＣｈａｔＧＰＴ」、「円安」「インフレ」など、今注目されている話題です。

また企業研修などで人気なのですが、パワハラとかセクハラ対策（流行りというと、ちょっと語弊があるかもしれないのですが……）を学ばなければならない、と各所で言われているので、「パワハラをしないための部下とのコミュニケーション」のようなテーマにすると、売りやすくなるわけです。

このように、自分の人的資本、経験やスキルを上げていくということによって稼ぎたいのであれば、時流に乗った知識と、王道的知識の両方にバランスよく投資をしていくということが肝要なのです。

社会関係資本の功罪

金融資本、人的資本と説明してきましたが、三つ目に投資すべきなのが**社会関係資本**です。

今は「この人ってちゃんとしてるよね」とか「この人すごい人だよね」と認識されることが、そのまま収入につながる時代です。

実業家として、著作家として、タレントやＹｏｕＴｕｂｅｒとして、幅広く活躍している人たちがいます。

そんな人たちがＹｏｕＴｕｂｅやテレビなどで発言すると、「○○さんが言っているから」というだけで信用が生まれ、商品が買われたりします。社会性の高さや認知度を獲得することが、結果として収益につながる――それが現代の特徴です。

このような仕組みは**「評価信用経済」**とも呼ばれ、まさに〝人とのつながり〟が自分の資本となる時代だと言えるでしょう。

ここには良い点と悪い点があります。

例えば**「インプレッションゾンビ」**という言葉をご存じでしょうか？　X（旧Twitter）で流行り出した言葉です。Twitterをイーロン・マスクが買収してXになりました。そこでイーロン・マスクがした施策が、インプレッション（表示回数）で広告費を支払う仕組みに変えることでした。

この仕組みを変えることによって、X（Twitter）民の中で何が起きたか？

とにかく表示回数が増えたら良いという考え方が広がってしまいました。もちろん健全で人の役に立つ情報が広まることは良いことでしょう。しかし、残念ながらそこまでの情報精査は行われていません。少しキツい言い方にはなりますが「いかに炎上させるか」という点が収益のきっかけになるように変わってしまったのです。

そのためインプレッションゾンビと言われる人たちは、伸びてる発信にすぐコメントをつけて表示回数を増やしたり、炎上目当ての発信を繰り返します。

そしてＳＮＳの場合、役に立つより面白いことのほうが広がりやすいです。結果としてエンタメ性ばかりが重視される情報が溢れかえってしまうことにもなりかねません。

本来、メディアとは正しい情報や役に立つ情報を発信する場所でなければなりません。

しかし気をつけないと、メディアは資本主義によってどんどん潰されていくことになります。

今の例では、お金を稼ぐ仕組みとメディア（Ｘ）が組み合わさることにより、表示回数の戦いになりエンタメ性ばかりが重要視されることになります。

これがテレビの場合は、単純にスポンサー枠を高く買っている企業の情報発信に、どうしても寄っていくことになります。

資本主義である以上、仕方のないこともあるでしょう。ですが気をつけないと、テレビとSNSで伝えられている情報が全く違うということになり、情報をとる側の混乱につながってしまいます。

つまり私たちの情報リテラシーが求められる時代だとも言えるでしょう。

すると我々のITや情報取得についての知識がちゃんとないと、おかしな方向にずれていってしまう可能性があるのです。ただ、はっきり言えるのは、そういうインプレッションゾンビみたいな人のほうが稼げる、という世の中において、我々の収入原資になり得るのは、「社会性」なのです。

「この人が言うんだから正しいよね」とか「この人の言うことって面白いよね」とか「この人の言うことって共感されるよね」というふうになればなるほど、必然的にSNSというのは収入が上がっていきます。

ですから、社会性を上げていくことによって、お金が集まる世の中に、良くも悪くもなっている、ということは知っておいたほうがよいでしょう。

岡崎流おすすめのビジネス書

私が現在まで読んだ膨大なビジネス書の中で、皆さんにおすすめしたいものを挙げてみましょう。人的資本のスキルアップにつながってゆく名著ばかりだと思います。

まずおすすめは『金持ち父さん貧乏父さん』（ロバート・キヨサキ著／筑摩書房／2013年〜）シリーズです。全世界シリーズ累計4000万部、日本シリーズ累計410万部突破という圧倒的なベストセラーかつロングセラーです。このシリーズ1作目の『金持ち父さん貧乏父さん』と2作目の『金持ち父さんのキャッシュフロー・クワドラント』。これは、やっぱり王道として絶対に押さえたほうがいいと思います。

お金関係の書籍でいうと、最近出た中で『できる社長のお金の守り方　オイシイ話はなぜ稼げないのか』（服部真和著／秀和システム／2024年）。著者は私の友人ですが、それを抜きにしても、ぜひ一読をおすすめしたい内容です。

あと不動産投資で面白かったのが、『不動産投資 騙しの手口』（前田浩司著／秀和システム／2019年）。こちらは、不動産投資に興味があったら読んでおいたほうがいい1冊だと思います。

田口智隆先生の一連の著書もおすすめです。たくさんの書籍があり、どれもいい本で「この1冊」という感じではないのですが、お金関係の作家なら田口先生がおすすめでしょう。

何がいいかというと、堅実なんです。例えば「3年でFIREする」というような本が、よくあります。でも、そういう本は再現性が著しく低いことが多い。結局のところ〝言ったモン勝ち〟。これをポジショントークと言います。

その著者に、「もし0からもう1回やり直すとして同じことができますか?」と聞きたくなります。おそらくは無理なケースがほとんどだと私は思っています。

キャッチーに「数年で1億稼ぐ」とか「数年でFIREする」みたいな本は、実際には難しいことばかりということが多いのです。それに対して田口先生の本は、本当にきっちりとした、「個人が再現できる投資で、20年30年かけての経済的な自由を手に入れていきましょう」という考え方。ですので、再現性が非常に高く、ギャンブル性がほとんどない。だから田口智隆さんの本は、中高年でこれから堅実に投資をしたいという方にはおすすめなのです。

よいセミナーと怪しいセミナー

この本を読んでくださってる方には、「学ぶのが好きだ！」という方も多いと思います。そういった方の中には経験値を上げたいと考え、片っ端からセミナーに通おうとする方がおられます。

そんな方には「片っ端からセミナー参加するのは気をつけましょう」とアドバイスを送りたいと思います。なぜならセミナーや講演会にも罠が潜《ひそ》んでいることがあるからです。罠というと聞こえが悪いですが、中身もないのに何か売りつけてきたり、価格に根拠のないものをとにかく高く売りつけてくるということがあるのです。

罠のあるセミナーの代表的な特徴はとにかく煽《あお》って即決を迫ること。もちろんセールスの技術としても即決というのは大事ですし、お客様のためにも即決させてあげるというのは大事だと思います。

しかし、そのお客様の背中を押す行為が**「業者都合の即決」と「お客様都合の即決」とでは全く意味が違います**。例えば不動産営業で考えてみましょう。「今この物件には2件問い合わせが来ているんですよ、早く決めていただかないとなくなるかもしれませんよ、これ」っていうクロージング（契約成立）の仕方。これは完全な業者都合です。しかも多くの場合、実際に他の人からの問い合わせなど入っていないなんてことも。

本当に素晴らしいセールスは次のように伝えるはずです。「現在は2件のお問い合わせをいただいています。ですから、もしそちらが先に申し込んだ場合には、今回のこの物件は押さえることはできません。これはご了承ください。ただ、お客様が2年3年とか10年とか長い間住むのであれば、ちゃんとお考えになることをおすすめしますが、どうしますか？」いいセールスをする人は決して業者都合で売ってこないのです。

これはセミナーも一緒です。悪いセミナーはもうとにかく煽ってくる。中身がないから、売ることに一生懸命になって即決させるしかない。とにかくでかいことや事実とそぐわずできもしないことを提案する。こういったやり方が罠のあるセミナーの典型なのです。

学びジプシーはお金持ちになれない

質のいいセミナーに行き、学ぶことは良いことですが、留意すべきことがあります。それは、「学びジプシー」にならないこと。

学びジプシーというのは、あちこちのセミナーや講演会に行くものの、学ぶことに一生懸命すぎて、自分から行動せず、お金を生み出すことができない人のことです。

実際、この学びジプシーになっている人はすごく多いです。

私の講座を見にくる方の中にも、自慢話のように「あの人のセミナーも聞きに行った」「この人のセミナーも聞きに行った」「100万200万するセミナーもいっぱい買った」……けれど何も変わってないという人が、いっぱいいます。こういう人たちの共通点は、「結果にしたこと」を誇ってるのではなく「学んだこと」を誇っているだけということ。ただ中身のない講座ビジネスをやっている人は射倖心《しゃこうしん》の煽り方がうまいわけで、学ぶことを誇りたい人たちを集めるのがうまい。それも問題なのですが……。

「インスタで稼げるんだ！」「○○で収入は10倍だ！」みたいな感じでキャッチーなところに行くものの、中身がないセミナーを受ける。相手も売り方はうまいから、高額なお金を払って騙されてしまう。悪い循環です。

学びジプシーの思考回路は「楽して稼ぐ」が多いです。「きっとどこかに自分に合った楽して稼ぐ方法があるはずだ」と探し回ってしまいます。結果として、あちらこちらのセミナーに参加するだけで終わってしまう。時間もお金ももったいないですね。前章でもお話しした通り、**「楽して稼ぐ」はない、**ということは肝に銘じておきましょう。

「三方よし」のセミナー成功談

「集客」という観点で、私が最も成功した事例をお伝えします。それは、出版社と協力し、SNSや広告を一切使わずに、毎月1000人を集めた講演会を主催したことです。なぜ、それが可能だったのか。その理由をお話ししましょう。

この成功の要因は、**「みんなが良くなる仕組み」**を徹底して考えたことにあります。

「三方よし」という言葉をご存じでしょうか？　近江商人が大切にしてきた経営哲学で、**「売り手よし」「買い手よし」「世間よし」**の三方が満足するビジネスが理想とされています。

しかし、「三方よし」を実現するには、単に「社会のためになることをやる」だけでは不十分です。**具体的に誰が利益を得るのか**を明確にする必要があります。

例えば、ダムを建設する場合を考えてみましょう。

メリットを受ける人↓ダムの建設業者、下流の住民、電力供給を受ける人

デメリットを受ける人↓ダムによって沈む村の住民

このように、一見「よいこと」に見えても、すべての人にとってプラスになるわけではありません。「世間よし」を考える際は、**世間とは誰なのか**を明確にすることが重要です。

1000人を集めた講演会の「三方よし」

では、私が主催した講演会の場合、「三方よし」はどのように成り立っていたのでしょうか？

1　**「売り手よし」**

主催者である私にとって、この講演会は大きなメリットがありました。

・書籍の販売が促進される

・知名度や実績が向上する

2　**「買い手よし」**

講演会の参加者、つまり「買い手」にとっても、価値のあるものでなければなりません。

・参加費以上の満足感が得られる内容にする
・実用的な学びや気づきを提供する

3 **「世間よし」**

社会全体にとってもプラスになる仕組みを考えました。
・参加者だけでなく、協力者や出版社にもメリットを提供
・良い書籍を広めることで、書店応援につながる

SNSや広告を使わずに集客した方法

では、どのようにして1000人もの参加者を集めたのでしょうか？

私は、SNSや広告を一切使わず、**人的ネットワークを活用する方法**を取りました。

●影響力のある協力者を巻き込む

・「あなたのところで50人」「あなたのところで100人」といった形で、それぞれのネットワークを活用
・彼らに集客のメリットを提供（例：講演会で本を出版する機会を提供）

●出版社を前面に出す

・私の名前ではなく、出版社の名前で講演会を開催
・出版社のブランド力が向上し、他の著者からの関心が高まる

この結果、

・私の書籍の販売数が増えた
・協力者もメリットを得た
・出版社の信頼度が上がり、業界内での影響力が増した

これこそが、「三方よし」を実現した成功例だと言えるでしょう。

講演会の成功は、

売り手（私）にとってのメリット

買い手（参加者）にとっての価値

世間（出版業界全体）にとっての好影響

これらを意識して設計したことが大きな要因でした。

ビジネスやイベントを成功させるためには、単に「良いことをやる」だけではなく、**具体的に誰がどう得をするのか**を考え抜くことが大切です。

この考え方は、どんな分野にも応用できます。あなたが何かを企画する際にも、「三方よし」を意識すると、より良い結果が生まれるかもしれません。

第3章
お金持ちを目指すなら身につけたい仕事法

「自分を律する力」が重要

この章では「働く」というテーマをもとに、成功に近づくための仕事への姿勢を探っていきます。

中でも特に重要なのは、**「自分を律する力」を持つ**ことです。

会社員として働いていると、年齢や役職が上がるにつれて、周囲からの指摘や叱責を受ける機会が減っていきます。

・遅刻しても注意されなくなる
・ミスをしても、自分で取り繕うことで乗り切れてしまう
・誰も見ていなければ、多少の手抜きも許されると感じてしまう

こうした状況に慣れてしまうと、自分を律することができなくな

り、仕事への取り組み方が雑になっていきます。

個人起業家の場合も同様です。

特に個人向けのサービス（to C）を提供している人は、顧客の多くが会社員であるケースが多いでしょう。

しかし、中にはお客様の時間に合わせることができない講師やサービス提供者もいます。

規則正しい生活が成功を生む

例えば、会社員の多くは朝6時～7時に起きて働き始めます。

それにもかかわらず、サービス提供者が夜遅くまで飲み歩き、昼過ぎまで寝るような生活をしていたら、顧客の感覚を理解することは難しくなります。

私自身、ある人から次のようなアドバイスを受けたことがあります。

「会社員の方をお客様にするなら、会社員と同じ生活をしないと気持ちがわからなくなる」

この言葉を聞いてから、私は朝早く起きて仕事をすることを習慣化しました。

特別なことをしているわけではありません。むしろ、規則正しく生活をするのは当たり前のことです。

しかし、自制心がなければ、この当たり前のことができなくなるのです。

規則正しい生活が信頼につながる

ビジネスでは、お客様の信頼を得ることが何よりも大切です。

たとえ裏側の事情や失敗が見えてしまう場面があったとしても、普段からきちんとした生活と働き方をしていれば、それが信頼につながります。

「仕事の成果を上げたい」「成功に近づきたい」と思うなら、まずは基本に立ち返り、規則正しい生活をすることから始めましょう。

働くうえでのルーティンを身につけよう

仕事で成果を出すために重要なのは、「決められたルーティンを作ること」です。ルーティンがあることで、迷いなく効率的に仕事を進められます。

私の場合、朝起きたら**最初にメールとLINEをチェック**することをルールにしています。

・すべての未読メッセージを新しい順に確認。

・仕事上のやるべきことは、**ToDoリストではなく、自分宛にメールで送る。**

・1日の間に「あ、これをやらな

きゃ」と思ったら、その都度自分にメールする。

この方法を取ることで、やるべきことがすべて**メールの最新のスレッドに集約される**ため、管理がシンプルになります。

とくにメールは開封したら、必ずその場で対応します。

・すぐに処理できるもの→その場で解決
・時間が必要なもの→もう一度自分にメールを送り、後で処理
・まとまった時間が必要なもの→その日のスケジュールにタスクとして組み込む

こうすることで、「やるべきこと」が明確になり、作業に迷うことがなくなります。

もちろん私の方法がすべての人に合うとは限りません。大切なの

は、**自分に合ったルーティンを確立すること**です。

例えば、

・金融系の仕事の人↓朝イチでニュースをチェックする

・健康やフィットネス関連の人↓朝のランニングや筋トレを取り入れる

重要なのは、「**特定の条件になったら、特定の行動をする**」という**If‐Thenプランニング**を取り入れることです。

If‐Thenプランニングとは、

「もし○○したら、△△をする」

「朝起きたら○○をやる」

「昼食後は△△をやる」

「夜になったら◇◇をやる」

といったように、行動をパターン化することです。

この方法を取り入れることで、

・やるべきことを忘れずに済む

・「次に何をやるか？」と考える時間を減らせる（選択疲れの回避）

仕事の効率を上げ、スムーズに進めるためにも、**自分に合ったルーティンを決めておくことが大切**です。

あなたにとって最適なルーティンを見つけ、毎日の習慣に取り入れてみてください。

「選択疲れ」と「仕分け」は避けよう

人間は１日に何万回も選択をしていると言われています。統計によっては5万回、あるいは10万回という説もあります。そして、最も脳のエネルギーを消費するのが「選択して決める」という行為です。

これを示す実験の一つに、スーパーでの実験があります。あるスーパーで、1種類のトマトだけを置いた場合と、10種類・20種類と多くの種類のトマトを置いた場合を比較したところ、品数を増やせば増やすほど売り上げが下がるという結果が出ました。なぜかというと、選択肢が多すぎると人は「どれにしようか」と迷い、決めることに疲れてしまうからです。

これは日常生活でもよくあることです。例えば、食事のメニューを決めるときや、誰かと外食に行くとき、「決めておいて」と頼むことがあります。これは、選択することに疲れてしまい、自分で決断したくないからです。

特に、自分で事業を興《おこ》したり、価値のある仕事を続けたりしたい人にとっては、**「選択や決断をする回数を減らすこと」が重要**です。そのために有効なのが、Ｉｆ－Ｔｈｅｎプランニングです。「〇〇したら〇〇する」とあらかじめ決めておくことで、毎回決断する必要がなくなり、意思力を無駄に消耗せずに済みます。

意思力（ウィルパワー）は限りあるリソースです。これを無駄に削らずに、自分を律し、誰かに管理されなくても自分で仕事を進められるようになるためには、ルーティンワークを確立することが大切です。決められた時間に、決めたことをやる。この習慣を身につけることで、効率的に働くことができます。

また、選択疲れと同じく、**仕事の「仕分け」もできるだけ避けるべき**です。多くの人がメールやタスクをフォルダ分けして管理しようとしますが、実際には仕分けをすることで、やりたくない仕事が後回しになってしまうことがよくあります。そして、やりたくない仕事ほど重要な案件であることが多く、後回しにすることで最終的に大きな問題（炎上案件）になってしまうのです。

先述した通り私はメールを開封したら「すぐに処理する」か「自分に再送する」かを決めています。このルールを守ることで、迷わず仕事に取りかかることができます。

この考え方は、メールに限った話ではありません。すべての仕事に共通する原則です。選択の回数を減らし、仕事を仕分けずにすぐに処理する。このシンプルなルールを実践することで、意思力を温存し、より重要な業務に集中できるようになりますよ。

「パーキンソンの法則」をぶっ飛ばせ！

余裕を持って仕事を始めたはずなのに、なぜかギリギリになってしまった……。

なんていうことはありませんか？

これを「パーキンソンの法則」といいます。**「仕事量は与えられた時間の分だけ膨張する」**という法則です。

例えば、「この資料を1時間で作っておいて」と指示されれば、人は1時間で仕上げます。しかし、同じ資料でも「3時間後に作っておいて」と言われれば3時間なりの資料を作り、「1週間後に作っておいて」と言われれば1週間なりに作る。つまり、**与えられた時間に応じて、仕事にかける時間と労力が増えてしまう**ということです。

さらに、パーキンソンの法則には拡大解釈があり、**「仕事量は人件費の分だけ膨張する」**とも言われています。

例えば、企業には課長や部長、その部下がいます。部下を遊ばせておくわけにはいかないため、上司は「とりあえずこれをやらせておこう」と不要な仕事を作り出すことがあります。その結果、本来やる必要のない仕事がどんどん増えていくのです。

特に、お金に振り回されず豊かに働き続けたいのであれば、**「価値のない仕事をやめる」**ことが大切です。

時間に合わせて不要な仕事を増やしてしまい、その結果「時間がない！」と言っている人は多いものです。また、「人脈が大事だから」と言って、あらゆるパーティーに顔を出す人もいます。しかし、そのパーティーが本当にビジネスや収益につながったのかを考えると、実は無駄な時間を過ごしているだけかもしれません。

だからこそ、何かを始める前に**「いらないものをやめる」**ことを最優先にしましょう。

そうすれば、残るのは本当に必要な仕事だけのはずです。そのときに考えるべきなのは、優先順位ではありません。**「とっととやる」**ことが何よりの答えなのです。

「相手のいる仕事」はなる早でこなそう

私は基本的に、自分にメールを送り、開封したものから順に処理し、その場で対応できないものは再送するという仕事のスタイルをとっています。

ただし、このルールには唯一の例外があります。

それは、「相手のいる仕事」です。つまり、自分だけでは完結せず、**誰かを動かさなければならない仕事**です。

例えば、プロジェクトの中で私がアイデアを出す役割だったとします。

デザイナーにＬＰ（ランディングページ）やホームページを作成してもらう場合、私が依頼を出さなければ、その仕事は前に進みません。私が依頼を後回しにしてしまうと、デザイナーは手をつけることができず、結果的にプロジェクト全体の進行が遅れてしまいます。

そのため、**相手がいる仕事、つまり人を動かす必要がある仕事は最優先で処理する**ことを意識しています。

このスタイルを続けることで、私は**自分の手元に仕事のボールを持たない**ようにしています。私がボールを持ち続けている限り、仕事は進みません。だからこそ、**できるだけ早く相手にボールを渡すこと**を心がけています。

この「なる早」の姿勢には、もう一つのメリットがあります。それは、「仕事が早い人」と評価されることです。

現代は変化のスピードが速い時代です。そのため、仕上がりの質が高いことよりも、**スピードが早いことのほうが重視される場面が多い**ものです。

「仕事が早い」と評価されると、次の仕事につながります。

・**相手がいる仕事をすぐに終わらせる→**相手からの信頼を得る
・**相手の信頼を得る→**さらに新しい仕事の依頼がくる
・**仕事の依頼が増える→**働き方の好循環が生まれる

つまり、仕事を効率的に進めるだけでなく、**キャリアやビジネスのチャンスを広げるためにも、相手がいる仕事は最優先で処理することが重要**なのです。

悪い習慣の対処術

仕事をしていく中で、悪い習慣を持ってしまっていませんか?　とくに、「毎週月曜の朝がしんどい人」「なんとなく漠然とした不安をずっと持っている人」、こうした悩みを抱えている人は多いのではないでしょうか。

こうした状況を改善するためには、まず「なぜそう感じるのか」を理解することが重要です。

例えば、月曜日が憂鬱になる理由を考えてみましょう。実は、「憂鬱《ゆううつ》な思いをしているほうが得だ」と無意識のうちに思い込んでいる可能性があります。

どういうことか、学生時代の夏休みを思い出してみてください。夏休みが終わる頃、多くの人が「夏休みが終わってしまう……」と憂鬱になります。その理由はさまざまですが、わかりやすい例として宿題を挙げてみましょう。

宿題が終わっていない状態で、「このまま学校に行ったら先生に怒られる……」と憂鬱になっていると、どうなるでしょうか？ やる気がなさそうにしていると、先に宿題を終えている友達が「宿題、見せてあげようか？」と声をかけてくれるかもしれません。

つまり、**「憂鬱な気持ちでいることで、結果的に助けてもらえる」**という経験を積んでしまうのです。

もう一つ、身近な例を挙げましょう。

おもちゃ売り場で子供が「これ買って！」と泣き叫んだとします。するど、親は「仕方ないな」とおもちゃを買い与えてしまうことがあります。

ここでも、**「泣けば望みが叶う」**という成功体験が生まれます。

このように、**ネガティブな行動がプラスの結果を生む経験**を重ねることで、無意識のうちに「憂鬱でいることが得になる」と思い込んでしまうのです。

この考え方には「選択理論」も関係しています。

選択理論とは、

- **私たちは常に何かを選択して生きている**
- **選択するときの基準は、自分にとって良いほうを選んでいる**

という考え方です。

先ほどの例で言えば、「泣いたり、落ち込んだりすることで、誰かが助けてくれる」「望みが叶う可能性がある」と期待して、その行動を選択しているわけです。

しかし、これは「期待」であって、必ずしも良い結果が得られる「保証」ではありません。

では、この悪い習慣をどうやって変えていくか？ それについて、次に考えていきましょう。

人は無意識に憂鬱を選択している

話を戻すと、月曜日が憂鬱な人は、無意識のうちに〝憂鬱という感情を選択している〟のかもしれません。

憂鬱になるほうが自分にとって得だと考えてしまっている可能性があるのです。

先述した学生時代の夏休みに助けられた経験や、おもちゃ売り場で子供が泣き叫ぶと、親が「仕方ないな」と言っておもちゃを買ってくれた経験かもしれません。こうした経験が積み重なることで、**ネガティブな感情を抱くことで得られるものがある**と無意識に学んでしまうのです。

しかし、大人になってからは、この「憂鬱な感情」には何の見返りもありません。会社に行きたくないと思っていても、仕事を休めるわけではなく、むしろ業務が溜まって状況が悪化するだけです。

私は「憂鬱な気持ちになっても何も変わらない」「だったらまず諦めよう」と考えるようにしています。**ネガティブな感情に囚われるのではなく、それを手放すことが大切**だからです。

この考え方を「**健全な諦め**」と呼んでいます。

もちろん憂鬱な感情などないほうがよいでしょう。では、どうすれば月曜日の憂鬱をなくせるのでしょうか?

例えば、月曜日の仕事が憂鬱な理由が「月曜までに終わらせなければならない仕事が残っている」ことだとしましょう。

この場合、逆の発想をしてみると、「もし木曜日や金曜日にその仕事を終わらせていたら？」と考えてみることができます。さらに、「金曜日のうちに上司に提出していたら？」、「取引先に先に提出し、フィードバックを待つ状態だったら？」と考えを進めていくとどうでしょう。

もしこれが実現できていたら、月曜日は「仕事を終えている状態」から始められるため、憂鬱ではなく**期待に満ちた1日**に変わるかもしれません。

つまり、ネガティブな感情の先には、本当は「可能性」があるのです。

このことに気づくことができれば、悪い習慣を改善し、具体的な行動につなげることができます。

最初に自分のネガティブな感情に気づく
↓それが自分にとって「良いこと」だと考えてしまっていることを理解する
↓ネガティブを生み出している原因を明確にする
↓その原因を解決するための具体的なアクションをとる

このステップを実践すれば、憂鬱な月曜日に限らず、あらゆるネガティブな感情に振り回されることなく、自分の生活をより良いものに変えていくことができるはずです。

「ＡＩ失業」はあり？　なし？

「ＡＩ失業」という言葉がビジネスメディアで話題になることが増えています。進化を続けるＡＩが雇用に影響を与え、人間の仕事を奪ってしまうのではないかと懸念されているのです。

しかし、その前にまず理解しておくべきことがあります。それは、**「ＡＩが完璧にすべてをこなす」という考えは誤解である**という点です。

例えば、ＣｈａｔＧＰＴについて「ＣｈａｔＧＰＴは嘘をつく」と言われることがあります。この指摘を本質的に理解している人なら問題ありませんが、単に「ＡＩは嘘をつく」と表面的に捉えてしまう人は、ＡＩに仕事を奪われる側になってしまう可能性があります。

まずＣｈａｔＧＰＴについて理解すべき基本的な仕組みは、回答はあくまで統計的な予測であるということです。

例えば、「ドラゴン」という単語の後にどの言葉が続くかを考えてみましょう。

日本では「ドラゴンボール」が最も一般的でしょう。

フィリピンでは「ドラゴンフルーツ」になるかもしれません。

中日ドラゴンズのファンなら「ドラゴンズ」と続くでしょう。

このように、**過去のデータに基づいて、統計的に最も確率が高い言葉を予測して生成するのがＣｈａｔＧＰＴの仕組み**なのです。

つまり、「ＣｈａｔＧＰＴは嘘をつく」と言う人の考えの裏には、「ＡＩは真実しか語らないべきだ」という誤解があるのかもしれません。

実際には、ＣｈａｔＧＰＴをはじめとするＡＩは**真実を語るものではなく、統計的に最も一般的な答えを出しているだけ**です。

この点を理解すると、ＡＩに奪われやすい仕事の特徴も見えてきます。

- **多数派の意見に基づいた作業**
- **ルーティンワーク化された仕事**
- **思考を伴わなくてもできる単純作業**

つまり、**ＡＩに奪われる仕事とは、独自の思考や創造性を必要としない仕事**なのです。

では、ＡＩに仕事を奪われないために何ができるのか？　その答えを次に考えていきましょう。

ＡＩに取って代わられない仕事の仕方とは

ＡＩの進化により、多くの仕事が自動化される時代が到来しています。だから、ＡＩに取って代わられない仕事の仕方を考えることが重要です。

例えば、私の友人に民泊を運営している人がいます。彼のもとに最も多く寄せられる問い合わせは、「チェックインの時間は何時ですか？」というものです。これに対し、彼はＣｈａｔＧＰＴを活用して問い合わせ対応を自動化しようと考えました。

このような**決まった答えがある単純な作業は、人間が対応するよりもAIのほうが正確で効率的**です。人間ならば忙しさや気分によって対応の質が変わることがありますが、AIならば何度同じ質問をされても変わらず丁寧に回答できます。

しかし、AIでは対応しきれない部分もあります。例えば、「チェックインの時間は何時ですか?」という質問に対し、単に「15時です」と答えるだけではなく、「もし早めに到着されるようでしたら、近くに美しい渓谷があり、散策に最適です」

「当施設には寝巻きの用意がありませんので、お持ちでない場合は近くのドン・キホーテで購入できます」

といった**気配りや提案を含めることができるのは、人間ならではの強み**です。

ただ質問に答えるのではなく、相手が求める以上の価値を提供できる人がＡＩに取って代わられないのです。

また、よく「ＣｈａｔＧＰＴを使うとバカになる」と言われます。

しかし、この考え方は「社長はみんなバカである」という発想と同じではないでしょうか。

社長は直接手を動かすのではなく、

「この土地にビルを建てたい」

「どうすれば街の発展に貢献できるか？」

といった指示を部下に出します。その指示に基づいて、部下が建築計画を立て、デザインを考え、素材を選定するのです。このように、指示を出し、それを適切に管理するのが社長の役割です。

同じように、私たちも**ＡＩを部下として扱う視点**を持つことが求められます。

私は以前の著書『お金に困らない人が学んでいること』（すばる舎・２０２２年）で「人類総経営者時代がくる」と書きました。

つまり、

「ＡＩという部下をどのように使いこなすか」

を考えなければならないのです。ＡＩに仕事を奪われる人は、「Ａをやって」と指示されたときに、Ａだけをこなす人です。

一方で、ＡＩに取って代わられない人は、

・ＡＩの作業に**さらなる価値を加えられる人**

・ＡＩを活用して**作業をより速く、より良いものにできる人**

です。

言われたことをただこなすのではなく、「**なぜこの作業が必要なのか**」「**どうすればより良くできるか**」を考えられる人こそが、これからの時代に求められる存在なのではないでしょうか。

第4章
ミドルエイジ・クライシスに負けない人生戦略

「ミドルエイジ・クライシス」に負けるな！

読者の中には、「ミドルエイジ・クライシス」に直面している方も多いのではないでしょうか。

ミドルエイジ・クライシス、または**中年の危機とは、人生の中間期に起こる心理的な危機のこと**です。この時期、多くの人が自己の成就《じょうじゅ》や将来への不安を抱くようになります。一般的に40代から50代にかけて経験しやすく、以下のような感情や変化が起こることがあります。

・今後のことと未達成の夢とのギャップに対する挫折感

・加齢による身体的な変化
・職業や家庭生活での満足度の低下

しかし、私は「**ミドルエイジ・クライシスなんて、ぶっ飛ばせ！**」という気概でいます。

多くの人が年を重ねることに対してネガティブに捉えがちですが、年齢にとらわれすぎる必要はありません。

音声特化型の完全招待制ＳＮＳアプリ「Ｃｌｕｂｈｏｕｓｅ」が２０２１年に日本でも配信スタートした際、私も利用し、多くの方と交流しました。

当時、私は41歳。いわゆるミドルエイジ・クライシスの年齢層に入り、「ビジネスも頑張ってきたし、そろそろ楽をしたいな」「もうアクセルを踏むのをやめようかな」と正直思っていました。

しかし、ある二人の言葉が私の考えを大きく変えました。

一人目は、テレビ番組『開運！なんでも鑑定団』でもおなじみの「ブリキのおもちゃ博物館」館長・北原照久さん。Ｃｌｕｂｈｏｕｓｅで北原さんが年齢について話した際、「**僕のモテ期はこれからだから**」とおっしゃったのです。

北原さんは当時71歳。もちろん、これは恋愛的な意味ではなく、「これからもっと輝ける」と前向きに捉えている発言です。世間的には引退していてもおかしくない年齢ですが、彼のこの言葉に衝撃を受けました。

もう一人は、元アップル米国本社副社長の前刀禎明《さきとうよしあき》さん。彼が言った言葉は「**俺は大器晩成だから**」でした。

アップルの副社長という華々しい経歴を持つ方が、「まだこれから」と言うのです。

この二人の言葉に触れたとき、「そろそろ楽をしたい」と思っていた自分が、途端にダサく思えてきたのです。**年齢を言い訳にせず、人生はこれからという視点を持つ**ことが、ミドルエイジ・クライシスに負けないための大切な考え方なのではないでしょうか。

「FIRE」より「一身二生」を！

近年、「FIRE（Financial Independence, Retire Early）」という言葉が流行しています。これは「経済的自立」と「早期リタイア」を意味し、多くの人が憧れを抱いています。

しかし、重要なのは「FIREして何をするのか？」という視点です。

「早く会社員生活を終えて楽をしたい」と考える人は多いでしょう。私自身もそう思ったことがあります。しかし、ここで考えたいのは、「楽《らく》は人をダメにする」ということです。

水は低いほうへ流れ、留まると腐ります。人間の体のほとんどは水でできているため、同じ性質を持っています。楽をすると成長が止まり、魅力が失われてしまうのです。多くの人が年を重ねることをネガティブに捉え、「ＦＩＲＥして楽をしたい」と考えますが、その思考の先には**衰退**しかありません。

私はむしろ、「一身二生」の考え方が重要だと思います。

第２章でもお話ししましたが、**「一身二生」とは、一つの人生の中に二つの生き方を持つという考え方です。**

人生１００年時代に突入した今、80歳で亡くなることさえ「早すぎる」と言われるようになっています。これまでの時代と違い、想像以上に長生きする可能性が高まる中で、単に「若いうちに稼いで早期リタイアする」という選択肢は現実的ではなくなってきています。

そのため、私たちは**「一生目」と「二生目」を意識した働き方をする必要があります。**

一生目（若い時期）：体力を資本に知識や経験を積み、人脈を作りながら稼ぐ

二生目（40代50代以降）：それまでの経験や人脈を活かして新たな仕事の形を模索する

多くの40代50代がミドルエイジ・クライシスに陥る理由の一つは、ゴールが見えなくなることです。

かつては「60歳〜80歳くらいで人生を終える」という考え方が一般的でした。しかし、今や想像以上に長く生きる時代です。そのため、体力を資本にした働き方では限界がきてしまいます。

さらに、現代の40代50代は「時間をお金に変える」ことは一生懸命やってきましたが、「お金になる経験」を積んでいない人が多いのです。

これは、**40代が今、最も厳しい世代である**という構造的な問題とも関係しています。

『東洋経済』の記事（https://toyokeizai.net/articles/-/180575）によると、

50代60代は「逃げ切り世代」→若い頃に築いた人脈や立場があるため、社会的影響力を持っている

20代30代は「これから世代」→新しい技術や情報に敏感で、社会の変化に柔軟に対応できる

40代は「一番厳しい世代」→若い世代のほうが能力的に優れ、上の世代には既に確立された地位がある

この状況が、40代の人々に「これからどう生きていけばいいのか？」という不安を抱かせ、ミドルエイジ・クライシスを引き起こしているのです。

だからこそ、「ＦＩＲＥ」ではなく「一身二生」の考え方を持ち、次のステージに向けて**経験や人脈を活かした新しい働き方**を模索することが、これからの時代を生き抜く鍵になるのではないでしょうか。

ミドルエイジ・クライシスを解消する戦略

ミドルエイジ・クライシスをどう解消すればよいのか？

私なりに考えた戦略を三つ紹介します。

1、新しい経験を積み、将来に役立つことを学ぶ

人生100年時代を迎え、寿命がどんどん伸びている現代において、「引退する」という考え方ではなく、「これからも学び続ける」姿勢が重要です。

30年前は60～80歳で人生が終わるのが当たり前でしたが、今では100歳まで生きることが珍しくなくなっています。医療の進歩を考えると、今後寿命がさらに延びる可能性も高いでしょう。

つまり、私たちは「死ねない」時代に生きているのです。

FIRE（早期リタイア）のように「引退」を前提にするのではなく、**「人生で今が一番若い」と考えて、学び続けることが**最も堅

実な戦略ではないでしょうか。

40代50代で新しい経験を積むことを怖がらず、「あと40〜50年働くのだから、新しいことに挑戦しよう」という意識を持つことが大切です。

2、しっかりと金融資産を作る

「2000万円問題」という言葉もありますが、年金の不確実性が増している現代では、自分自身で資産を作ることが不可欠です。

例えば、現在50歳の人が70歳まで働くと仮定しましょう。「20年間で2000万円の金融資産を作る」と考えれば、

年間100万円の貯蓄
月に8万5000円の積立投資

といった具体的な目標が立てられます。

これは決して楽な数字ではありませんが、子育てが落ち着いた後であれば十分に可能な範囲です。

大切なのは、**資産を現金で持つのではなく、金融資産として運用することです。**

例えば、年利5％で運用できれば、2000万円の資産から年間100万円の収入を得ることも可能になります。これに年金を加え、住宅ローンなどの負担がなければ、老後の生活に対する不安はかなり減るでしょう。

3、人に思いっきり投資をする

最後の戦略は、「**人に投資する**」ことです。

人間関係や次世代への貢献が、結果的に自分自身を助けることにつながるという考え方です。

私自身、20代30代の頃から、自分への投資と同時に、多くの人に投資をしてきました。その結果、今では出版社から「次の本を出しませんか?」と声をかけていただける立場になりました。

つまり、**人との関係性を大切にし、与え続けることで、自分自身の価値を高めることができる**のです。

まとめ：ミドルエイジ・クライシスを克服するための三つの戦略

新しい経験を積み、学び続ける→これからの時代を生き抜くためにスキルアップする

金融資産を作る→将来に備え、資産を増やす

人に投資する→人間関係を大切にし、自分の価値を高める

これらの戦略を実践することで、ミドルエイジ・クライシスを乗

り越え、より充実した人生を送ることができるのではないでしょうか。

どうすればミドルエイジを第二の青春に変えられる？

ミドルエイジ・クライシスに悩む一方で、同じ世代を指して「**第二の青春**」と呼ぶこともあります。

40代50代を第二の青春にできるかどうかは、**20代30代の努力次第**だと私は思います。

私自身、40代を迎えた今、華の40代を楽しんでいます。それは、20代30代に寝る間も惜しんで働き、血尿が出るほど仕事に打ち込み、世界中を回って経験を積み、惜しみなく自己投資をしてきたからです。

つまり、40代50代を自由に楽しめるかどうかは、過去の積み重ねによる部分が大きいのです。

40代になって「第二の青春を謳歌《おうか》したい」と思っても、なかなか実現できないという方もいるでしょう。これは、肌ケアに例えるとわかりやすいかもしれません。

10代の肌ケアが20代の肌を決める。20代の肌ケアが30代の肌を決める。30代の肌ケアが40代の肌を決める。

働き方も同じです。

20代の働き方が30代を決める。30代の働き方が40代を決める。40代の働き方が50代を決める。

つまり、**ミドルエイジ・クライシスに陥るか、第二の青春を楽しめるかは20代30代の選択次第**なのです。

しかし、だからといって「もう40代だから手遅れだ」と考える必要はありません。

私たちは一身二生の時代を生きています。

10年後、20年後の自分が青春を謳歌できるかどうかは、今からの選択にかかっています。50代60代になってから新しい人生を楽しむことだって十分可能なのです。

第二の青春は、何歳からでも迎えられる。

そう考えて、未来に向けて行動を積み重ねていくことが、ミドルエイジを最高の時期に変える鍵ではないでしょうか。

第二の青春のためなら「家族解散」もあり！

私の友人に、香取貴信さんという方がいます。『社会人として大切なことはみんなディズニーランドで教わった』（あさ出版）の著者であり、人生を本当に謳歌している方です。

何度かサーフィンをご一緒しているのですが、香取さんから驚きのお話を聞きました。彼にはお子さんがいますが、**「子供たちが成人を迎えたら香取家を解散する」**と言うのです。

どういうことかというと、香取さんはお子さんのために貯蓄をしており、18歳になったらそのお金をすべて渡すとのこと。そのお金で大学に行くもよし、事業を始めるもよし、世界を旅するもよし、とにかく好きに使えばいい、という考え方です。

「俺はもう知らん。**子供たちが成人したら俺は自由だ！**」

この言葉を聞いたとき、私はすごく憧れました。とても素敵な考え方だと思ったのです。

お子さんがいる方も、子供が成人したら「もう他人だ」と考えてみると楽になるかもしれません。もちろん、成人までは親の責任としてしっかりと育てるべきです。しかしそれ以降は親の役割を終えていいのです。家族や親子の縁は続きますが、「解散してもいい」と思えたら気持ちが前向きになるのではないでしょうか。

「私の責任はここまで」というゴールを決めることは、人生を明るくするうえで大切な考え方です。

先の見えないレールの上に乗っていると、「この先どうなるんだろう」と不安に感じてしまいます。

これはマラソンと同じです。私はホノルルマラソンを走ったことがありますが、夜中の3時4時にスタートし、暗闇の中を走り続けます。途中、ダイヤモンドヘッドの登りがあり、超キツい。でも、42.195㎞という**ゴールがあるからこそ、どれだけ辛くても走**

り続けることができるのです。

もしゴールが見えなかったら、途中でリタイアしていたでしょう。

人生も同じです。**ゴールが見えないまま走り続けると、ミドルエイジ・クライシスに陥るのは当然**です。

第二の青春を楽しめていないなら、今すぐ解決しようと焦るのではなく、先に区切りを決めましょう。

例えば、子供がいるなら成人のタイミング、夫婦なら特定の年齢、シングルなら自分なりの節目を設定する。**「ここまでに自由になろう」「ここからは第二の青春を楽しむ」**と自分で決めることこそが、今を楽しむために大事なのです。

ミドルエイジにまとわりつく〝嘘の魔法〟を信じるな

ミドルエイジになると、体力の衰えや年齢を重ねることに対するネガティブな話がよく出てきます。しかし、私は普段それをほとんど感じていません。

実は、先日もキックボクシングの試合に挑戦しました。人生初めての殴り合い。正直ドキドキでしたが、とても貴重な経験になりました。（勝ち負けが気になる方は岡崎かつひろのＦａｃｅｂｏｏｋを覗いてください）

さてジムに通っていると、最近の50代60代の方々の元気さに驚かされます。試合に向けたマススパーリング（実戦形式の練習）では、10歳以上年上の方にボロボロにされることもあります。ボクシングの試合は1ラウンド3分ですが、これが想像以上に長く、体力的に厳しい。それでも、50代60代の方がバリバリ戦っているのを見ると、年齢による体力の低下というのは単なる思い込みではないかと考えさせられます。

実は試合の相手をしてくださった方も58歳。しかし全く年齢を感じさせないすごい方でした。

よく「30歳を過ぎると体力が落ちる」「40歳を過ぎたら無理がきかなくなる」と言われますが、私はこれを断言します。そんなことはありません。

これは、あたかも既成事実のように語られる〝嘘の魔法〟にすぎません。

体力の衰えは、ある日突然訪れるものではなく、日々の積み重ねの結果です。例えば、久しぶりに実家に帰ると「母親が老けた」と感じることがありますが、実際には毎日少しずつ変化しているだけで、目の前の現実を急激な変化のように受け止めてしまうだけなのです。

同じことが体力にも当てはまります。40歳や50歳になった瞬間に体力が急に落ちるわけではなく、日々の変化を意識せず過ごしていることで、ある時ふと「思ったより衰えている」と感じるのです。

こうした**思い込みに惑わされることなく、日々体を鍛え、資本として大切にすることが何よりも重要**です。**「40歳になったら」「50歳に**

なったら」といったネガティブな刷り込みを信じるのではなく、自分の可能性を見失わずに生きることが大切なのではないでしょうか。

ミドルエイジには腸活がおすすめ

ミドルエイジを迎えた今、体という資本を大切にすることがより重要になってきます。そこで、私がおすすめする健康習慣についてお話ししましょう。

まず、日々の生活で**水をたっぷり摂《と》ることが大切**です。元女優の桜華純子《おうかじゅんこ》さんは「腸活」を提唱されており、私もその教えに従って朝一杯の白湯を飲む習慣を続けています。白湯とは、沸騰させたお湯を50～60℃まで冷ましたもの。この温度の白湯を朝一番に飲むことで、胃腸がしっかりと動き、排泄がスムーズになり、腸内が綺麗になるといわれています。

「**脳腸相関**《のうちょうそうかん》」という言葉をご存じでしょうか。

腸と脳の状態は密接に連動しており、腸内環境が悪化すると精神面にも影響を及ぼします。生物の進化の過程で、脳よりも先に腸が発達したため、「腸は第二の脳」とも呼ばれています。腸には脳に次ぐ多くの神経細胞が存在し、感情にも深く関与しているため、腸内環境が悪い人ほどストレスを感じやすく、非倫理的な行動に走りやすいとされています。したがって、**腸内環境を整えることは、ミドルエイジ・クライシスの不安や疑問を和らげる助けにもなる**のです。

さらに、我々に圧倒的に足りていない栄養素があります。それが**「ファイトケミカル（フィトケミカル）」**と**「食物繊維」**です。ファイトケミカルとは、野菜や果物の色素や香り、苦みの元となる成分で、抗酸化作用を持つことが知られています。赤いトマトや緑の野菜をしっかり摂取することで、体の調子を整えることができます。

そして、食物繊維の摂取も非常に重要です。とくにお酒を飲む方や炭水化物過多の食生活を送っている方は、便の調子が悪くなりがちです。そこで私は、青汁を１日２〜３本飲むようにしています。これにより排便の調子が格段に良くなりました。

「タンパク質を増やす」「糖質を減らす」など、健康に関するさまざまなアドバイスがありますが、実践するにはお金や時間がかかり、煩わしさを感じることもあります。そのため、私が健康のために気をつけていることはシンプルです。

水をしっかり摂ること、そして青汁を飲んで食物繊維を補うこと。そのおかげで私は毎日アルコールを楽しめています（笑）。これが、私の健康管理の習慣です。

昼寝のすすめ

運動でいえば前述のボクシングがおすすめですが、（これはおすすめしていいかどうかわかりませんが）私は昼寝をかなりします。

午後に眠くなるのは、ランチで糖質を摂りすぎたことが原因と言われています。私の場合、そもそも朝5時・6時から仕事を始めているので、午後の生産性が著しく下がってしまいます。そのため、昼寝を取り入れています。

専門家は５分〜10分程度の昼寝を推奨していますが、私は最低30分、できれば１時間の昼寝をとります。昼に寝ることで午後の活動の質が劇的に向上し、夜まで体力が落ちることがありません。

昼寝をすることで、午後のクオリティは120%、いや200%変わると私は実感しています。

昼食後に急激に眠くなるのは、糖質を摂りすぎることで血糖値が急上昇し、インスリンが大量に分泌されることが原因です。栄養学的な観点から、食物繊維を多く摂ることが一つの対策になります。食物繊維が血糖値の急上昇を抑えてくれるため、食後の眠気を防ぐことができます。

糖質の少ない料理から先に食べる「食べ順ダイエット」も、この理論に基づいており、理にかなっています。

また、急激に眠くなるのは、半分習慣化されたものでもあり、医師の中には「糖質をしっかり制限しないと危険」と警鐘を鳴らす方もいます。あなたも気をつけてください（笑）。

さらに、夜になかなか眠れないという方も多いですが、「意識が飛ばないと寝たことにならない」と思い込んでいるケースもあります。しかし、**目を閉じているだけでも睡眠の8割程度の効果がある**と言われています。短時間でも目を閉じて休むだけで、体力の回復につながります。

ですので、昼食後に少し目を閉じて休むだけでも、午後の仕事のパフォーマンスは大きく違ってくるでしょう。

この章では、ミドルエイジの方々に向けて、ミドルエイジ・クライシスに打ち勝つ戦略やマインドについてお話しし、さらに中高年でもパフォーマンスを向上させるための体作りについて説明しました。少しでもあなたの気づきや学びの一助になれば幸いです。

第5章

SNS時代の影響力と稼ぐ力

「お金を稼ぐ」ことと**SNS**

現代において、「お金を稼ぐ」手段として**SNS（ソーシャル・ネットワーキング・サービス）**は欠かせない存在になっています。

ＳＮＳは単なる交流ツールではなく、収益を生み出す強力なプラットフォームとして機能しており、さまざまな方法で活用されています。ここでは、主要なＳＮＳごとに「お金を稼ぐ方法」と「ビジネスでの活用法」について整理してみます。

■Ｉｎｓｔａｇｒａｍ

【お金を稼ぐ方法】

インフルエンサー収益：魅力的な写真や動画でフォロワーを集め、

スポンサーシップや製品プロモーションで収益化。

アフィリエイトマーケティング：投稿やストーリーを通じた商品の紹介で、成果報酬を得る。

ブランド商品の販売：自社製品やハンドメイド商品のＰＲと販売。

【ビジネス活用】

ブランドの認知向上：視覚的に魅力的なコンテンツでブランディング。

広告戦略：ターゲットに合わせた広告配信。

顧客との関係強化：コメントやＤＭでの直接コミュニケーション。

■Ｘ（旧Ｔｗｉｔｔｅｒ）

【お金を稼ぐ方法】

スポンサー付きツイート：影響力のあるアカウントが企業のＰＲ

をして報酬を得る。

情報商材・コンサル販売：フォロワーに向けたサービスや電子書籍の提供。

コミュニティ形成：セミナーやワークショップへの集客。

【ビジネス活用】

トレンド活用：リアルタイムの話題に乗り、認知度を向上。

カスタマーサポート：問い合わせやクレーム対応。

情報発信：新商品やイベントの告知。

■Facebook

【お金を稼ぐ方法】

マーケットプレイス：個人や小規模事業者による直接販売。

広告収入：フォロワー数の多いページが企業の広告を請け負う。

グループ収益化：専門知識を提供するコミュニティを有料化。

【ビジネス活用】

精密な広告ターゲティング：ユーザー属性に基づく広告配信。

コミュニティ形成：ブランドのファン同士をつなげる場を作る。

イベントプロモーション：ローカルイベントやオンラインセミナーの集客。

■TikTok

【お金を稼ぐ方法】

クリエイター収益：フォロワーを集めて企業との提携。

ライブ配信：視聴者からのギフトを収益化。

トレンド活用：バズるコンテンツを作成し、商品プロモーション。

【ビジネス活用】

短期間での拡散力：バイラルマーケティングに最適。
インフルエンサーマーケティング：若年層をターゲットにアプローチ。
ブランド認知向上：短い動画でインパクトのあるＰＲ。

■ＹｏｕＴｕｂｅ
【お金を稼ぐ方法】
広告収益：動画再生回数に応じた広告収入。
スポンサーシップ：企業案件の紹介で報酬を得る。
コンテンツ販売：教育・エンタメ系の動画を有料提供。
【ビジネス活用】
ＳＥＯ効果：Ｇｏｏｇｌｅ検索結果に表示されやすい。
顧客教育：商品説明やハウツー動画でブランド価値を向上。

長期的な収益化：動画は一度作れば長く視聴され続ける。

ＳＮＳにはそれぞれ特徴があり、目的に応じた活用が重要です。個人での収益化はもちろん、**ビジネスにおいてもＳＮＳを上手に使うことで、認知度向上や顧客との関係構築が可能になります。**

ＳＮＳを味方につけ、自分に合った方法で活用していきましょう。

どのＳＮＳを使うかは、あなた次第

よく「一番おすすめのＳＮＳは何ですか？」と聞かれます。

私の答えは、「自分が一番好きなＳＮＳ」です。

前章で少し触れたＣｌｕｂｈｏｕｓｅは勢いが落ちましたが、

ＦａｃｅｂｏｏｋやＹｏｕＴｕｂｅを含め、どのＳＮＳも一定数のユーザーがいます。収益化の視点で言えば、**どのプラットフォームを使っても、適切に活用すれば稼げます。**

ただし、ターゲット層に応じた向き不向きがあります。

・若い世代を狙うならＩｎｓｔａｇｒａｍ・ＴｉｋＴｏｋ
・幅広い層に拡散したいならＸ（旧Ｔｗｉｔｔｅｒ）
・時間とコストがかかるが資産価値が高いのはＹｏｕＴｕｂｅ
・社長や中高年、ＢｔｏＢ向けならＦａｃｅｂｏｏｋ

ただし、どれが良い・悪いというわけではありませんし、多少向いていないＳＮＳを選んだとしても、ちゃんとやれば収益化は可能です。だから最も大切なのは、「自分が好きで使い慣れている

ＳＮＳ」を選ぶことです。好きなＳＮＳなら、自然とトレンドやバズる投稿がわかり、より戦略的に運用できます。

ＳＮＳのアルゴリズムとエンゲージメント

基本的に、ＳＮＳのアルゴリズムは「ユーザーが好む投稿を拡散する」仕組みになっています。

エンゲージメント：ユーザーの関与度。「いいね」「コメント」「シェア」「動画再生時間」など。

インプレッション：投稿がユーザーの画面に表示された回数。

特にエンゲージメントを高めることが重要で、「いいね」やコメントをもらいやすい投稿を意識すると、より多くの人に届きやすくなります。

SNSを選ぶ五つの基準

どのSNSを選ぶかは、以下の五つの要素を考えると決めやすいでしょう。

拡散性（X・TikTok）

シェアされやすく、投稿が爆発的に広がる。

資産性（ブログ・YouTube）

投稿が時間を経ても検索され、継続的な流入がある。

関係性（Facebook・Instagram）

ユーザーとのコミュニケーションを重視。

配信コスト（X・Threads）

投稿にかかる労力。Xは気軽に投稿できるが、YouTubeは制作コストが高い。

利用者属性

ターゲット層がいるSNSを選ぶ。

・Facebook：50代中心

・Instagram：30〜40代

・TikTok：10〜20代

・BeReal：10代の若年層に人気

ちなみに**SNSは常に入れ替わりながら進化**しています。

2004年：mixiが流行

2010年頃：Facebookが主流に

その後：Instagram→YouTube→TikTok→BeRealと移行

このように今後も新しいＳＮＳがどんどん登場してくることでしょう。

とくに新しいＳＮＳが登場した際は、初期参入のメリットが大きいため、すでに一つのＳＮＳを運用しながら新プラットフォームにも挑戦するのがベストな戦略です。

ＳＮＳ選びに正解はありませんが、自分の得意（もしくは好き）なＳＮＳを見極め、可能ならターゲットに合ったプラットフォームでの発信を心がけることが成功の鍵となるでしょう。

ＳＮＳで構築される人間関係は、どこまで信用できる？

昨今は、リアルに対面するのではなく、ＳＮＳを通じて築かれる人間関係が増えています。こうしたオンラインのつながりが広がる一方で、騙されるリスクも存在します。闇セミナーや闇バイトといった危険な誘いに巻き込まれるケースもあり、ビジネスでもプライベートでも、リアルではない対面から始まる関係性には注意が必要です。

リアルではない関係がどこまで信用できるかを考える際に、「**出会い方によって人の質は決まらない**」という前提を持つことが大切だと思います。

例えば、新宿歌舞伎町で客引きに誘われて入った店でぼったくられるケースがあるように、リアルの出会いでも注意が必要です。

私自身、イタリアで詐欺に遭い、人間不信になりかけた経験があります。フィレンツェでは募金を求められた際に「100ユーロ出せ」と強要されたり、道を聞かれて案内していたら詐欺に巻き込まれそうになったりしました。つまり、リアルかオンラインかという問題ではなく、**「人を見る目を養うこと」が重要**なのです。

人を見る目を養うためには、以下の3点を意識するとよいでしょう。

- **今、何をしているか**
- **過去に何をしてきたか**
- **これから何をしようとしているか**

現在・過去・未来の話をバランスよく聞くことで、その人が信用に値するかを判断できます。SNSでの出会いにおいても、こうした視点を持ちながら会話を重ねることが大切です。

ＳＮＳを通じて人と会う場合、いきなり対面するのではなく、まずはオンラインで話してみるのもおすすめです。例えば、Ｚｏｏｍを使って30分程度の会話を試みるとよいでしょう。Ｚｏｏｍの無料版であれば40分の時間制限があるため、長時間話しすぎることなく、無駄な時間を防げます。こうして**まずオンラインで相手の人となりを確認し、「信頼できる」と感じたら、対面での交流を検討すればよい**のです。

ＳＮＳの情報は簡単に盛ることができるため、表面的な情報を鵜呑みにせず、実際に話をすることが重要です。とくに、金融情報やセミナー関連では、怪しい業者が多く存在するため、中身のないビジネスに騙されないよう注意が必要です。その人の現在・過去・

未来をしっかり確認し、信頼できる相手だと確信が持てたら、セミナーなどに参加するのもよいでしょう。

大学に通うにも年間100万円以上かかることを考えれば、学びのためにそのくらい自分に投資するのも良いと思います。ただし、大前提として、その**金額に見合う、もしくはそれ以上の価値を提供できる人から学ぶことが大切**です。

ビジネスで相手から信頼される方法とは

リアルでもオンラインでも、**ビジネスにおいて信頼関係を築く際に、「お金を優先する」考え方は失敗のもと**です。最初から「お金をもらうこと」を意識しすぎると、相手はかえってお金を払いたくなくなります。

例えば、私の場合、出版社から「本を一緒に作りましょう」と声をかけられます。その際に「印税はいくらですか?」「私は〇〇円以上でないとやりません」と条件を先に提示してしまうと、相手は「この人とは仕事をしたくない」と感じてしまうでしょう。もちろん、印税は嬉しいものですが、重要なのは「いいものを作りたい」「広く届けたい」という意識です。**ビジネスでは、まず価値を提供することが先決であり、お金の話はその後**なのです。

商売の基本は「求めている人に、求めているものを提供すること」です。カツ丼を食べたい人にカツ丼を出せば喜ばれますが、焼きそばを出したら怒られます。人が何を求めているのかを理解し、それに応えることができれば、自然とお金を払ってもらえるようになります。

現代では、SNSを活用して見せかけだけのビジネスを行う人も増えています。表面的な華やかさに惹かれ、お金を支払ってしまう人も少なくありません。しかし、本当に価値を提供する人間関係を築くためには、**「自分がどれだけ成長し、人の役に立てるか」**が重要です。まずは**「自分が人のどんな困りごとを解決できるか」**を考え、それを提供することが先です。すると、自然と「ちょうどそれに困っていたから、相談したい」といった流れが生まれるのです。

セールスの場面では、多くの人が「いかに売るか」に集中しますが、クロージングは全体のごく一部の要素にすぎません。それよりも、**「この人と仕事をすれば、期待以上の価値が得られる」**と思わ

せることが重要です。信頼関係が築かれた状態でクロージングを行えば、相手も気持ちよくお金を払ってくれます。**「価値提供ができる人」と思われることこそが、ビジネスで成功するための鍵**なのです。

また、「自分はまだ大したことができないから、人に何かを教える資格はない」と思う人も多いですが、これは間違いです。

例えば、ピアノを学びたい人がいたとして、必ずしも世界的なピアニストに習う必要はありません。近所の子供でもバイエル（初級曲集）を弾けるなら、初心者にとっては十分な先生になり得るのです。

どの分野でも同じことが言えます。全くの初心者にとっては、自分より少し先を進んでいる人が十分に価値のある存在になります。私のような全くピアノを弾けない人が相手なら、近所の子供でも先生になれるように、ちゃんと下には下がいるんです（笑）。

「完全な一流」だけが教えるべきだという考え方は不要です。「自分が提供できる価値は何か？」を考え、それを必要とする人に届けることが大切です。

過去の経験を振り返りながら、**「自分がどのような価値を提供できるのか？」を明確に**しましょう。それが、信頼されるビジネスの土台となります。

ビジネスの場ではプロ意識を持つべし！

相手の求めているものをちゃんと聞き出せていて、相手の期待、もしくは期待以上のサービスを提供できているときにこそ、商談は決まります。結局これはプロ意識の問題なんですが、いただいた金額に見合ったことをやる、というのは、ただの仕事であり作業であり、私はアマチュアの延長戦上だと思っています。

プロを名乗るのであれば、相手の期待以上のことをやって感動させて、初めてプロだと思いませんか。相手が相談に来たのであれば、**「この人だったら期待以上のことが起きそうだな」という素敵な夢を見させてあげなければいけません。**そうすると「こちらからは、これができますよ」というサービスを提供するだけでは、ビジネスの場では十分な解決とはなりません。

ここで、私が大好きな話を紹介します。

ホームセンターの花壇やＤＩＹコーナーで働いていたら、お客さんがやってきて、「すみません、ノコギリください」と言います。普通の店員は、「ノコギリですか、あちらへまっすぐ進み、右に曲がったところに大工道具コーナーがあります。ぜひそちらへどうぞ」と案内する、もしくは「お連れしますね」と売り場まで同行する。多くの場合、これが一般的な接客でしょう。

しかし、感動させる店員というのは違います。「ノコギリはあそこの突き当たりの右に曲がった所にございますが、もしよろしければ、何にご使用されるのか教えていただけますか？」と尋ねるのです。するとお客様は、「実はうちの犬小屋を作りたいのよ。ちょうどいい長さの木がないから切ろうかと思っていて」と答えます。

ここでこう提案します。「かしこまりました。ノコギリをお買い上げいただくこともできますが、当店では木材をお客様のご指定の長さに無料でカットするサービスがございます。これでしたら木も綺麗に切れますし、ご希望の長さになりますが、ご利用いかがでしょうか。どうしてもご自分で木を切りたいのでしたら、ノコギリをおすすめしますが、綺麗にカットされた理想の長さの木が欲しいということでしたら、こちらのサービスを使われたほうがよろしいかと思いますが、いかがですか？」

これこそ、素晴らしいサービスです。

しかし、多くの場合は「ノコギリはあそこです」で終わってしまいます。だから大して売れない。

お客様はノコギリが欲しいのではなく、本当に求めているのは犬小屋を作るのに適した木なのです。「ノコギリください」と言われてノコギリを渡すだけの接客ではなく、**相手の本当に求めていることに応えられるような接客をする。**これこそが、活躍できるプロに求められる姿勢ではないでしょうか。

お客様を感動させる、お客様の本当の期待に応える。そのためのプロ意識を持ち、ビジネスの場に対峙することを、普段から心がけましょう。

おわりに

「学び」を「お金」に変えて、後悔しない人生を歩もう

本書を締めくくるにあたり、「後悔しない人生」についてお話ししたいと思います。

私自身、まだ人生を語るほどの年齢ではないかもしれません。しかし、これまでの経験を通して、「人生は何が起こるかわからない」ということだけは、強く実感しています。

18歳のとき、私は麻雀を打っている最中に吐血し、意識を失いました。胃潰瘍による大出血で、生死の境をさまよったのです。しかし、そのとき不思議と恐怖はなく、むしろ心地よさすら感じました。死をもっとも身近に感じた体験です。

また、私の父はある雨の日、突然姿を消しました。家族総出で探し回りましたが、二か月後、警察から一本の連絡が入りました。「お父様かもしれませんので、ご確認いただけますか」と。

警察署に駆けつけるとすでに遺体となって戻ってきたのです。

親の死に直面し、私は人生の無常を痛感しました。人は、ある日突然いなくなることがある。今日が当たり前に続く保証は、どこにもないのです。

この二つの経験が、私の価値観を大きく変えました。

「人生には今しかない」

だからこそ、今を全力で生きるべきだと思うのです。

将来の計画を立てることは大切です。しかし、未来ばかりを見て「今」をおろそかにしてしまっては、何の意味もありません。人生の真価は、**「今、この瞬間をどう生きるか」**にかかっています。

私は、遊ぶときは思いきり遊び、働くときは全力で働く。手を抜くときは徹底的にサボる。けれど、「今を真剣に生きる」という点だけは、一貫してブレることがありません。

ガンジーの言葉に、**「明日死ぬかのように生きろ。永遠に生きるかのように学べ」**という名言があります。私が人生について語るならば、これが私の答えに最も近いかもしれません。

小さな一歩でもかまいません。学び続け、挑戦し続けることで、新たなチャンスが生まれます。「最高の人生」を生きるために、今できることを精一杯やっていきましょう。

本書の執筆にあたり、多大なご協力をいただいた、かや書房の豊田欣之様、ライター協力をいただいた山﨑勤様に、心より感謝申し上げます。

そして、最後まで本書をお読みいただいたあなたにも、心からの感謝を。

最後に、特典として本書の出版記念講演会の動画をご用意しました。私の公式ＬＩＮＥに「ミドルエイジ」と入力していただければ、無料でご覧いただけます。

あなたの人生が、より充実したものになることを願っています。

≫ 購入特典 ≪

『人生中盤からの成功戦略
お金・仕事・人間関係に困らないコツ』

購入読者限定無料プレゼント

出版記念講演会 動画

特典として、本書『人生中盤からの成功戦略 お金・仕事・人間関係に困らないコツ』の出版記念講演会の撮り下ろし動画をプレゼントさせていただきます。本書を手に取っていただいた感謝の気持ちと、あなたへの心からのエールを込めてお贈りいたします！

こちらの岡崎かつひろ公式LINEにアクセスし、
「ミドルエイジ」と入力して送信してください。

※特典の配布は予告なく終了することがございます。
※動画はWEB上のみでの配信となります。
※この動画プレゼント企画は岡崎かつひろが実施するものです。企画に関するお問い合わせは「https://lin.ee/aH0xN3m」までお願いいたします。

起業コンサルタント
岡崎かつひろ（おかざき・かつひろ）

全国出版オーディション主宰
一般社団法人 食育日本食文化伝承協会理事
株式会社 XYZ 代表取締役

「すべての人の最大限の可能性に貢献する」を企業理念に、企業研修、全国出版オーディション主宰、早稲田大学エクステンションセンターでの講座開催のほか、講演会の累計動員人数20万人以上、海外講演実績もある。

東京理科大学卒業後、ソフトバンク入社。20代にして、コールセンターのKPIを構築し、2008年起業。飲食店経営での組織マネージメントを経て、2017年に『自分を安売りするのは“いますぐ”やめなさい。』（きずな出版）は、新人著者としては異例の３万部を超えるヒットとなる。

現在著作10冊、累計16万部を超えるベストセラー作家として全国での講演活動や、40～60代の起業支援を積極的に行っている。

1980年埼玉生まれ。東京理科大学経営学部卒。自他共に認める無類の旅好き（約50ヶ国歴訪）

●著者公式 HP
https://okazakikatsuhiro.com/

●著者
公式 LINE

人生中盤からの成功戦略
お金・仕事・人間関係に困らないコツ

2025年5月10日　第1刷発行

著　者　岡崎かつひろ

装 丁　株式会社 EmEnikE
構 成　山﨑勤
編 集　豊田欣之

発行人　岩尾悟志

発行所　株式会社かや書房
〒162-0805
東京都新宿区矢来町113　神楽坂升本ビル３F
電話　03-5225-3732（営業部）

印刷・製本　中央精版印刷株式会社

ISBN978-4-910364-70-4　C0030